DIDÁTICA DO ENSINO SUPERIOR – A INSTITUIÇÃO ESCOLAR E AS DIFERENTES FORMAS DE ENSINO

CENGAGE

Austrália • Brasil • México • Cingapura • Reino Unido • Estados Unidos

CENGAGE

Didática do Ensino Superior – a instituição escolar e as diferentes formas de ensino

Conteudista: Antonio Siemsen Munhoz

Gerente editorial: Noelma Brocanelli

Editoras de desenvolvimento: Gisela Carnicelli, Regina Plascak e Salete Guerra

Editora de aquisições: Guacira Simonelli

Coordenadora de conteudistas: Luciana Gomide Mariano Carmo

Produção editorial: Fernanda Troeira Zuchini

Copidesque: Vânia Helena L. G. Correa

Revisão: Vânia Helena L. G. Correa, Vânia Ricarte Lucas e Juliana Alexandrino

Diagramação: Alfredo Carracedo Castillo

Capa: Estúdio Aventura

Imagens usadas neste livro por ordem de páginas:

Olimpik/Shutterstock; Andrey_Popov/Shutterstock; parinyabinsuk/Shutterstock; Monkey Business Images/Shutterstock; VLADGRIN/Shutterstock; Tyler Olson/Shutterstock; Lejoch/Shutterstock; wavebreakmedia/Shutterstock; tovovan/Shutterstock; graphic-line/Shutterstock; Oksana Kuzmina/Shutterstock; Pressmaster/Shutterstock; BlueRingMedia/Shutterstock; carla castagno/Shutterstock; karelnoppe/Shutterstock; AnikaNes/Shutterstock; Arthimedes/Shutterstock; Rob Marmion/Shutterstock; Digital Genetics/Shutterstock; Alexey Losevich/Shutterstock; Ollyy/Shutterstock; Sunny studio/Shutterstock; patpitchaya/Shutterstock; Rosa Puchalt/Shutterstock; drical/Shutterstock; Pressmaster/Shutterstock; iQoncept/Shutterstock; hxdbzxy/Shutterstock; grmarc/Shutterstock; goldyg/Shutterstock; Matthew Cole/Shutterstock; Lyudmyla Kharlamova/Shutterstock; alexkatkov/Shutterstock; DarkBird/Shutterstock.

ISBN 13: 978-85-221-2914-0
ISBN 10: 85-221-2914-2

Cengage Learning Edições Ltda.
Condomínio E-Business Park
Rua Werner Siemens, 111 - Prédio 11
Torre A - Conjunto 12
Lapa de Baixo - CEP 05069-900 - São Paulo - SP
Tel.: (11) 3665-9900 Fax: 3665-9901
SAC: 0800 11 19 39

Para suas soluções de curso e aprendizado, visite **www.cengage.com.br**

Impresso no Brasil
Printed in Brazil

DIDÁTICA DO ENSINO SUPERIOR – A INSTITUIÇÃO ESCOLAR E AS DIFERENTES FORMAS DE ENSINO

Dados Internacionais de Catalogação na Publicação (CIP)

C395d Siemsen Munhoz, Antonio.

Didática do ensino superior – a instituição escolar
e as diferentes formas de ensino / Antonio Siemsen
Munhoz. – São Paulo, SP : Cengage Learning, 2016.

Inclui bibliografia.
ISBN 13 978-85-221-2914-0

1. Ensino superior Didática. 2. Ensino superior -
Política educacional. 3. Ensino - Estratégia. 4. Prática
de ensino. 5. Ambientes virtuais de aprendizagem. I.
Título.

CDU 378.145
CDD 378.1

Índice para catálogo sistemático:

1. Ensino superior: Didática 378.145

(Bibliotecária responsável: Sabrina Leal Araujo – CRB 10/1507)

Apresentação

Com o objetivo de atender às expectativas dos estudantes e leitores que veem o estudo como fonte inesgotável de conhecimento, esta **Série Educação** traz um conteúdo didático eficaz e de qualidade, dentro de uma roupagem criativa e arrojada, direcionado aos anseios de quem busca informação e conhecimento com o dinamismo dos dias atuais.

Em cada título da série, é possível encontrar a abordagem de temas de forma abrangente, associada a uma leitura agradável e organizada, visando facilitar o aprendizado e a memorização de cada assunto. A linguagem dialógica aproxima o estudante dos temas explorados, promovendo a interação com os assuntos tratados.

As obras são estruturadas em quatro unidades, divididas em capítulos, e neles o leitor terá acesso a recursos de aprendizagem como os tópicos *Atenção*, que o alertará sobre a importância do assunto abordado, e o *Para saber mais*, com dicas interessantíssimas de leitura complementar e curiosidades incríveis, que aprofundarão os temas abordados, além de recursos ilustrativos, que permitirão a associação de cada ponto a ser estudado.

Esperamos que você encontre nesta série a materialização de um desejo: o alcance do conhecimento de maneira objetiva, agradável, didática e eficaz.

Boa leitura!

Prefácio

Muito se questiona sobre qual é o papel da instituição de ensino nos dias de hoje. Mas não só isso! Qual é o papel do ensino superior atualmente?

Para encontrar a resposta desta indagação, grupos ao redor do mundo se reúnem para debater e discutir soluções, colocando sempre em pauta a atividade atualmente exercida por essas instituições.

Visando esmiuçar o teor dos debates recentes e apresentar o contexto contemporâneo das instituições de ensino superior, *Didática do Ensino Superior* apresenta um conteúdo informativo e didático, a fim de aprimorar o conhecimento na área.

Na Unidade 1, são explorados temas como os objetivos, a missão e a organização da instituição escolar.

A Unidade 2 tratará de temas como a política educacional, os especialistas e os recursos materiais da instituição educacional.

A forma de ensino como plano de organização, o processo de interação escolar, a interação IES *versus* Governo *versus* Empresa e o trabalho em ambientes virtuais são alguns dos assuntos estudados na Unidade 3.

Finalmente, na Unidade 4, são analisados temas como a identificação de estratégias de ensino, as estratégias de ensino e a natureza dos conteúdos escolares.

Avaliar o que é feito no ensino superior é de relevância inconteste caso pretendamos aprimorar o sistema educacional atual.

Desejamos a todos bons estudos.

UNIDADE 1

CARACTERÍSTICAS DA INSTITUIÇÃO DE ENSINO SUPERIOR NO CONTEXTO SOCIOECONÔMICO CULTURAL BRASILEIRO

1. Introdução

Recentemente, foi realizado na Coreia do Sul o Fórum Mundial da Educação, que estabeleceu novas metas a serem cumpridas até 2030, quando acontecerá o próximo fórum. Ainda que a educação para todos a partir dos níveis fundamentais tenha sido ressaltada, a instituição de Ensino Superior teve destaque.

A ênfase negativa foi dada para a questão das metas estabelecidas para os anos 2000, não cumpridas por diversos países, dentre eles o Brasil.

Com relação ao Ensino Superior, foram indicadas novas formas de atuação das universidades, levando em consideração as profundas mudanças ocorridas na sociedade. Os diversos pontos orientam o processo de diversificação no Ensino Superior e a busca por características para uma revisão na definição de objetivos, finalidade e organização.

Esses temas serão abordados neste primeiro módulo, que define os procedimentos necessários para que atitudes e comportamentos diferenciados possam ser desenvolvidos a fim de que uma nova didática do Ensino Superior possa ser estabelecida, destacando a educação universitária dos países em desenvolvimento.

2. Objetivos da instituição escolar

A instituição de Ensino Superior (pública ou privada) tem como um de seus objetivos o desenvolvimento de diversos tipos de estudos e formação. Os objetivos abarcam a **democratização do acesso ao processo de ensino e aprendizagem** em todos os estabelecimentos reconhecidos como instituições de Ensino Superior pelas autoridades competentes do Estado.

No Brasil, a existência do **Fies** e do **Prouni** atende parcialmente essa proposta. Todavia, ainda há a necessidade de tornar esses mecanismos mais eficientes, para atender um número maior de alunos matriculados no Ensino Superior – número que, nos dias atuais, apresenta resultados insuficientes.

O funil que representa a Educação Superior deve ser eliminado, permitindo que mais jovens e adultos venham a ter oportunidades iguais de acesso.

Na lista de objetivos está incluída, ainda, a melhoria e o desenvolvimento dos alunos egressos dos cursos oferecidos, que ainda esquecem as necessidades do mercado corporativo, mostrando uma grande defasagem entre o que a universidade forma e o que o mercado necessita em termos de qualidade de trabalho, competências e habilidades profissionais.

Evidentemente, é preciso aumentar a **empregabilidade** dos graduados e estabelecer acordos de cooperação eficientes com o mercado de trabalho corporativo. Além disso, é preciso esquecer o posicionamento retrógrado de alguns profissionais da educação, partidários de uma esquerda superada e corrupta, que considera que o atendimento das necessidades do mercado irá atrelar a universidade à vontade do patrão.

A formação de competências e habilidades de preservação da qualidade do ensino, com auxílio e desenvolvimento da capacidade de pesquisas e serviços estendidos para toda a comunidade, sempre com o apoio da evolução tecnológica, deve estar presente em uma proposta clara e transparente.

O aumento do número de alunos foi considerado um dado positivo, mas a observação de que isso ocorreu apenas nos países desenvolvidos corrobora para aprofundar o abismo entre os países mais ricos e os países mais pobres, apesar da diminuição dessa distância ser atualmente um dos principais objetivos do Ensino Superior.

A **Unesco** considera objetivo primordial das IES adotar planos de ação e novas didáticas voltadas inteiramente para as novas gerações que chegam aos bancos das universidades brasileiras e que, frente ao **imobilismo acadêmico**, abandonam, em número excessivo, os seus cursos.

Uma forma de ajudar os órgãos internacionais a atingir o que foi estabelecido no Fórum Internacional de Educação seria a imposição de metas às instituições de Ensino Superior brasileiras para o aumento de sua capacidade em atender diferentes propostas de formação permanente e continuada, para a qual não se mostram preparadas. A justificativa de problemas estruturais exige uma ação da sociedade civil, em parceria com instituições públicas, de modo a efetivar essa proposta, colocada para todas as nações participantes como objetivo a ser cumprido até o próximo Fórum Mundial.

A universidade precisa se abrir para a sociedade subjacente a fim de enfrentar os desafios com o apoio de todos aqueles que, de alguma forma, têm interesse no desenvolvimento da instituição superior. Isso inclui os dirigentes, o corpo administrativo da instituição de ensino, os professores, os familiares, as empresas, a indústria e os setores público e privado da economia, os setores da administração pública, ou seja, a sociedade como um todo.

No referido fórum, foi concedida liberdade para as instituições de ensino estabelecerem, de modo particular, as metas e perspectivas que pretendem atender dentro do contexto social. Antes de encerrar essa primeira parte que reproduz o documento parcialmente e amplia a parte especificamente voltada para objetivos, foi colocado em destaque que, independente dos objetivos que cada uma estabeleça, é necessário haver uma convergência positiva para a sociedade, além da reflexão sobre a capacidade da instituição de ensino **conviver com a incerteza**, estar comprometida com a mudança e ter condições de promover o atendimento às necessidades sociais com promoção de solidariedade e equidade.

PARA SABER MAIS: É importante tomar consciência da crise que a universidade, no contexto global, enfrenta para que cada um possa dar o seu melhor. Para que você possa aprofundar seu conhecimento e adquirir um referencial teórico consistente, indicamos a leitura de dois artigos. O primeiro deles é "A crise da universidade", de autoria de Simon Schwartzman, disponível no site <www.revistaensinosuperior.gr.unicamp.br/artigos/a-crise-da-universidade>. Acesso em: 26 jan. 2016. O segundo é um artigo de Leila Oliveira Di Pietro chamado "Desescolarização ou escolarização da sociedade? Desafios e perspectivas à educação", disponível também na internet, no site <https://repositorio.ufsc.br/bitstream/handle/123456789/91061/260131.pdf?sequence=>. Acesso em: 26 jan. 2016.

3. Missões da instituição escolar

No referido fórum, podemos obter uma orientação que, embora não seja direta, pode ser utilizada como um guia com a troca do termo finalidade por missão, considerada por muitos como a expressão mais adequada ao tratamento acadêmico.

Assim, é possível coletar dos trabalhos apresentados uma visão sobre o que poderia ser estabelecido finalidade de uma instituição escolar. São algumas das missões a serem perseguidas:

- educar, formar e realizar pesquisas;
- contribuir para o **desenvolvimento sustentável**;

- colaborar com a melhoria da sociedade;
- educar as pessoas diplomadas, altamente qualificadas, como cidadãos responsáveis e capazes de atender a todas as necessidades dos setores de atividade humana oferecidos no mercado de trabalho;
- proporcionar aos seus alunos a obtenção de qualificações relevantes por meio de uma formação profissional que esteja alinhada com o mercado de trabalho, evitando que se aprofunde cada vez mais o abismo entre o que a universidade forma e o que o mercado necessita;
- abrir oportunidades de democratização do acesso ao Ensino Superior;
- oferecer oportunidades para que as pessoas desenvolvam suas propostas de educação para toda a vida, com uma faixa ideal de escolha de cursos;
- oferecer às pessoas a possibilidade de mobilidade social por meio do estudo;
- atuar de forma ativa na sociedade com uma visão de capacitação que esteja de acordo com a visão mundial das necessidades educacionais;
- proporcionar a criação e disseminação do conhecimento, desenvolvida por meio da pesquisa e investigação;
- enfatizar a necessidade de compreender, preservar e valorizar as culturas nacionais e internacionais, trabalhando a **glocalização**, com valorização das culturas locais;
- formar nos jovens os valores sociais que parecem cada vez mais ausentes na nossa sociedade;
- melhorar a educação em todos os níveis, destacando a formação de professores em serviço e dando-lhes condições financeiras de aperfeiçoamento profissional.

Essas opções estão apresentadas, com maior ou menor ênfase, na divulgação da missão das instituições de ensino. Elas formam um conjunto padronizado de orientações que não podem permanecer apenas no papel. É necessário que todos os itens assinalados sejam cumpridos, primeiro como um compromisso da instituição consigo própria, considerando a sua missão a razão de ser, e depois como compromisso assumido junto à sociedade.

Há alguns aspectos que dizem respeito às características da sociedade atual, onde se recomenda a atuação destacada e diferencial, a fim de incentivar o exercício da ética, do rigor científico e do preparo intelectual.

Exige-se de todos os grupos sociais, dentre os quais a instituição de ensino tem um destaque, sendo um dos poucos que, na atualidade, ainda não perdeu a credibilidade, a efetivação da **responsabilidade e autoridade social**, com uma colaboração ativa no sentido de eliminar todo e qualquer tipo de exclusão social.

É necessário que a instituição de ensino dissemine as suas funções críticas no extrato social e trabalhe ativamente no levantamento de tendências sociais, econômicas, culturais e políticas, de forma a estar sempre antenada com o que acontece na sociedade para evitar ficar à margem do desenvolvimento social e tecnológico.

A Unesco, órgão social internacional, posto a serviço da defesa da educação, especifica em seus estatutos que é ordem do dia para as instituições de ensino defender e divulgar os mesmos valores pelos quais ela luta, dentre os quais estão a busca constante pela paz, pela justiça social, pela liberdade de expressão, pela igualdade e solidariedade.

Não se pode negar que é preciso desenvolver uma nova visão da Educação Superior em todos os quadrantes do planeta. Durante a realização do Fórum Mundial em 2015, deu-se destaque a um item que parece esquecido pelas instituições de Ensino Superior públicas e privadas, que é a preocupação em permitir o acesso ao ensino às minorias.

É destacada a importância do acesso à educação aos povos indígenas, às minorias culturais, aos grupos desfavorecidos, com ajuda material especial para aqueles que sofrem qualquer tipo de deficiência e que por essa razão estejam sem condições de frequentar uma universidade.

Em uma das sessões foram discutidas questões de gênero, ressaltando a exclusão da mulher e a desigualdade de tratamento ainda existente, por mais que as feministas atuem de forma destacada. No Congresso, por exemplo, o número de mulheres é pequeno em relação ao número de congressistas do sexo masculino. Dessa forma, solicitou-se atenção especial às questões de gênero. Aumentar as possibilidades de acesso às mulheres na universidade deve ser proposta incluída como missão da Instituição de Ensino Superior (IES).

As propostas de avaliação dos órgãos responsáveis pela educação em cada país devem estabelecer processos de avaliação diferenciados e que efetivem a relevância da qualidade do ensino oferecido pela IES aos egressos, de forma que eles possam ser aproveitados pelo mercado de trabalho, sem que extensos programas de treinamento ou nivelamento sejam necessários, como acontece de forma indesejável nos dias atuais.

Outro aspecto, ao qual nos referimos em outro ponto deste material, questiona a colaboração e cooperação da universidade com o mundo do trabalho. Este tópico ganha destaque especial frente ao imobilismo das IES. Uma das formas de superar esta defasagem seria a manutenção de convênios com o mercado corporativo e uma proposta de criação de universidades corporativas com base nos fundamentos e princípios das IES, e não tendo em vista apenas resultados financeiros. Assim, há um tópico específico que recomenda que essa ação não seja impedida pela resistência que é possível observar em alguns setores de uma esquerda superada no meio acadêmico e que apenas presta um desserviço ao processo de ensino e aprendizagem.

No fórum, foram apresentados resultados que mostraram a evolução e mudança de posição dos **tigres asiáticos** quando as universidades foram abertas para todos aqueles que quisessem formação diferenciada. Elas criaram não apenas uma série de regras para atender recomendações de órgãos legais ou apelos colocados em fóruns mundiais, como também uma nova forma de ensinar e aprender, reconhecida pelo atual ministro da Educação, que participou ativamente do congresso e trouxe em sua bagagem diversos exemplos de sucesso.

A transformação da instituição de ensino em uma empresa com a criação de uma série de competências empresariais, representadas pelas melhores práticas corporativas, que garantem a sobrevivência de uma empresa em um mercado extremamente competitivo, deve ser trazida para o interior da IES. O ***coaching* educacional** foi destacado como uma forma de acompanhamento diferenciada e personalizada para os alunos.

O ministro da Educação declarou que pretende implantar uma proposta baseada no exemplo dos países asiáticos e voltada para a diversificação dos modelos de Ensino Superior com o objetivo de atender a demanda do país de efetivar a alta competitividade no mercado.

Diversas tentativas foram feitas de se criar novos tipos de IES, mas elas esbarram em exigências, algumas exageradas, dos órgãos responsáveis pela educação em nosso país (MEC e outros em nível local). Os cursos de curta duração e a educação aberta ganharam destaque nas discussões e recomendações finais.

O modelo, ainda em desenvolvimento, da **educação aberta**, com consórcios de grandes instituições de ensino internacionais (os consórcios Coursera e EDX) e nacionais (USP, UFSC, via consórcio educa) receberam atenção, e os ministérios da Educação devem facilitar sua efetivação dentro de limites que não tornem a educação um processo aligeirado.

Esses cursos devem apresentar características inovadoras, capazes de oferecer opções de curta duração, de estudo em tempo parcial desenvolvido de forma independente, com ou sem apoio tutorial, em horários flexíveis e que apresentem níveis de modularidade. O apoio da educação a distância é destacado, além da necessidade que grandes consórcios públicos sejam mantidos e incentivados.

Repete-se o que já foi solicitado algumas vezes como missão das IES: desenvolvimento da criatividade, inovação, **pensamento crítico**, competências e habilidades, que poucos alunos trazem dos cursos de formação na atualidade.

Esse talvez tenha sido o fórum mais intimista no que diz respeito às recomendações para as instituições de ensino, diferentemente de outros fóruns e congressos educacionais, em que a humildade da IES sempre esteve ausente, o mesmo acontecendo com os participantes convidados. Nesse congresso, parece que os responsáveis buscaram mais aproximação.

A presidente sul-coreana, que semanas antes do congresso visitou nosso país e deixou costurados alguns trabalhos conjuntos, parece ter algo guardado para que

esses acordos envolvam a área da Educação. Quem sabe essa não foi uma das razões pelas quais o ministro da Educação esteve presente no Congresso.

Questões vocacionais preocupam, principalmente as IES europeias, que consideram que grande parte da evasão de estudantes se deve à falta de serviços de orientação, aconselhamento e cooperação das IES com as organizações estudantis. Foi dado destaque ao auxílio que deve ser prestado ao estudante nessa fase de transição, o que muitas vezes não acontece. Os alunos que abandonam os estudos devem ter condições especiais para retornar ao processo.

Assim, o que foi visionado deve ser analisado com cuidado para que se possa agir e que resultados mais positivos sejam alcançados para o próximo fórum, previsto para 2030.

Os documentos do fórum finalizam as recomendações a serem adotadas como missão pelas IES e sugerem que processos especiais e diferenciados de avaliação qualitativa, formativa e somativa sejam desenvolvidos com cuidado. Além disso, a IES deve se sujeitar a colaborar de forma mais direta com os organismos educacionais nacionais, abrindo espaço para verificação de procedimentos, sem considerar que isso representa uma ingerência estatal nos negócios da IES.

A avaliação de qualidade colocada como missão exige uma mudança de papel dos departamentos internos de **avaliação institucional**, voltados para considerar a qualidade de ensino como um conceito multidimensional, que deve englobar todas as funções e atividades desenvolvidas pela instituição. Ao levar em consideração apenas as atividades de ensino e a avaliação de programas acadêmicos, esquecendo outros itens, um enfoque reducionista é adotado.

É preciso que todos os demais componentes sejam submetidos à avaliação, que compreendem a infraestrutura acadêmica, as instalações físicas de sedes e polos de apoio e a integração com a sociedade. Aceitar a participação de especialistas independentes representa uma abertura à cooperação e ao atendimento das exigências, não somente legais, mas também daquelas colocadas pelo mercado e pela sociedade. A IES não pode se furtar dessa avaliação, levando em conta a sua importância como órgão da sociedade e, conforme já ressaltado antes, um dos poucos que ainda tem credibilidade no momento em que o país atravessa, assolado por casos de corrupção, em escala sem precedentes.

A IES pode colaborar de forma decisiva para criar uma cultura diferenciada nas novas gerações, em que a ética seja destacada como comportamento sem o qual não é possível obter condição de bem-estar social que todos têm direito.

São poucos e incomuns os exemplos persistentes de integração das IES brasileiras com o mercado internacional, para proporcionar intercâmbio cultural, efetivação de *networking* interativo a favor da aquisição de novos conhecimentos e incentivar a mobilidade de professores e alunos.

Quando esses aspectos não são colocados como missão da IES, ela perde muito o seu caráter social de educar para a cidadania. Para aqueles que consideram que isto é ideal de algum visionário, é necessário citar que esses aspectos estão acordados como princípio legal estabelecido pela Lei de Diretrizes e Bases da Educação Nacional (LDBEN), que reza em seu artigo 43 que:

> *A educação superior tem por finalidade*
>
> *I. Estimular a criação cultural e o desenvolvimento do espírito científico e do pensamento reflexivo;*
>
> *II. Formar diplomados nas diferentes áreas de conhecimento, aptos para a inserção em setores profissionais e para a participação no desenvolvimento da sociedade brasileira, e colaborar na sua formação contínua;*
>
> *III. Incentivar o trabalho de pesquisa e investigação científica, visando o desenvolvimento da ciência e da tecnologia e da criação e difusão da cultura e, desse modo, desenvolver o entendimento do homem e do meio em que vive;*
>
> *IV. Promover a divulgação de conhecimentos culturais, científicos e técnicos que constituem patrimônio da humanidade e comunicar o saber através do ensino, de publicações ou de outras formas de comunicação;*
>
> *V. Suscitar o desejo permanente de aperfeiçoamento cultural e profissional e possibilitar a correspondente concretização, integrando os conhecimentos que vão sendo adquiridos numa estrutura intelectual sistematizadora do conhecimento de cada geração;*
>
> *VI. Estimular o conhecimento dos problemas do mundo presente, em particular os nacionais e regionais, prestar serviços especializados à comunidade e estabelecer com esta uma relação de reciprocidade;*
>
> *VII. Promover a extensão, aberta à participação da população, visando à difusão das conquistas e benefícios resultantes da criação cultural e da pesquisa científica e tecnológica geradas na instituição.*

PARA SABER MAIS! Há poucos alunos e alguns professores e pessoal de setores administrativos que não conhecem o que a IES onde estudam ou trabalham tem estabelecido como missão. Por isso, é importante a fundamentação mais destacada sobre o assunto, que você pode obter lendo os documentos abaixo indicados:

Texto: Missão institucional: Análise nas Instituições Federais de Ensino Superior (IFES).

Autor: não informado.

Disponível em: <http://dvl.ccn.ufsc.br/congresso/anais/4CCF/20101216172348.pdf>.

Acesso em: 26 jan. 2016.

Leia três textos do autor sobre o fórum mundial:

Coreia do Sul no fórum mundial da educação: a hora da apresentação de tristes verdades. *Disponível em: <http://br.blastingnews.com/cultura/2015/05/coreia-do-sul-no-forum-mundial-da-educacao-a-hora-da-apresentacao-de-tristes-verdades-00396267.html>. Acesso em: 27 jan. 2016.*

Fórum mundial da educação na Coreia do Sul estabelece metas a serem cumpridas até 2030. Disponível em: <http://br.blastingnews.com/mundo/2015/05/forum-mundial-da-educacao-na-coreia-do-sul-estabelece-metas-a-serem-cumpridas-ate-2030-00419173.html>. Acesso em: 27 jan. 2016.

Conheça os resultados obtidos no último fórum mundial da educação. Disponível em: <http://br.blastingnews.com/cultura/2015/06/conheca-os-resultados-obtidos-no-ultimo-forum-mundial-da-educacao-00419199.html>. Acesso em: 27 jan. 2016.

4. Organização da instituição escolar

Ao estudar a didática do Ensino Superior, é importante que o professor ou pessoa interessada no tema em questão, com conhecimento do **sistema de ensino brasileiro** e todas as suas etapas, tenha uma visão particularizada sobre o que representa a denominação IES no interior desse sistema.

O que será apresentado neste capítulo tem sua fonte na Lei de Diretrizes e Bases da Educação Nacional, podendo ser considerada o tratamento apropriado aos elementos educacionais envolvidos. Veja em tópicos como elas podem ser qualificadas.

Uma IES pode ser pública ou privada

As públicas podem ser federais, estaduais ou municipais, mantidas pelo Estado e sem a cobrança de matrícula ou mensalidade. As privadas são administradas por pessoas físicas ou jurídicas de direito privado, com ou sem finalidade de lucro.

As instituições privadas sem finalidade de lucro podem ser comunitárias, que envolvem representantes da comunidade na mantenedora; confessionais, que atendem a determinada orientação confessional ou ideológica; filantrópicas, que prestam serviços complementares às atividades do Estado.

Uma IES apresenta como possíveis classificações acadêmico-administrativas

Quanto às universidades

A IES é uma instituição acadêmica pluridisciplinar que conta com produção intelectual institucionalizada, além de apresentar requisitos mínimos de titulação acadêmica (um terço de mestres e doutores) e carga de trabalho do corpo docente (um terço em regime integral). É unidade autônoma para criar cursos e sedes acadêmicas e administrativas, expedir diplomas, fixar currículos e número de vagas, firmar contratos, acordos e convênios, entre outras ações, respeitadas as legislações vigentes e a norma constitucional.

Quanto aos centros universitários

Centro universitário é uma instituição pluricurricular, que abrange uma ou mais áreas do conhecimento. É semelhante à universidade em termos de estrutura, mas não está definido na Lei de Diretrizes e Bases e não apresenta o requisito da pesquisa institucionalizada.

Quanto às faculdades

A faculdade pode refletir duas situações. A primeira é a de uma instituição de Ensino Superior que não tem autonomia para conferir títulos e diplomas, os quais devem ser registrados por uma universidade. Além disso, não tem a função de promover a pós-graduação. O segundo sentido é aplicado para se referir às unidades orgânicas de uma universidade. Ex.: Faculdade de Direito da Universidade Federal do Paraná, Faculdade de Medicina da Universidade Federal de Santa Catarina, e assim por diante.

Quanto aos institutos federais

Os institutos federais são unidades voltadas para a formação técnica, com capacitação profissional em diversas áreas. Oferecem Ensino Médio integrado ao ensino técnico, cursos técnicos, cursos superiores de tecnologia, licenciaturas e pós-graduação. A denominação remonta à Lei n. 11.892/08, que renomeou os Centros Federais de Educação Profissional e Tecnológica (Cefets) e as Escolas Técnicas (Etecs).

Com relação à mantença essas instituições podem ser

Mantenedora – pessoa jurídica que provê os recursos necessários ao funcionamento da instituição de ensino e a representa legalmente.

Mantida – instituição de Ensino Superior que realiza a oferta da educação superior.

Quanto à categoria administrativa da instituição

Pública

- Federal – instituição mantida pelo Poder Público Federal, com gratuidade de matrículas e mensalidades.
- Estadual – instituição mantida pelo Poder Público Estadual, com gratuidade

de matrículas e mensalidades.

- Municipal – instituição mantida pelo Poder Público Municipal, com gratuidade de matrículas e mensalidades.

Privada

- Com fins lucrativos – instituição mantida por ente privado, com fins lucrativos.
- Sem fins lucrativos, não beneficente – instituição mantida por ente privado, sem fins lucrativos; pode ser confessional ou comunitária, conforme o art. 20 da LDB.
- Beneficente – instituição mantida por ente privado, sem fins lucrativos, detentora de Certificado de Assistência Social, nos termos da legislação própria. Pode ser confessional ou comunitária.
- Especial (art. 242 da Constituição Federal) – instituição educacional oficial criada por lei estadual ou municipal e existente na data da promulgação da Constituição Federal, que não seja total ou preponderantemente mantida com recursos públicos, portanto não gratuita.

Com relação à organização acadêmica da instituição, ela pode ser:

- Faculdade – categoria que inclui institutos e organizações equiparadas, nos termos do Decreto n. 5.773, de 2006.
- Centro universitário – dotado de autonomia para a criação de cursos e vagas na sede, é obrigado a manter um terço de mestres ou doutores e um quinto do corpo docente em tempo integral.
- Universidade – dotada de autonomia na sede, podendo criar *campus* fora dela, no âmbito do Estado, está obrigada a manter um terço de mestres ou doutores e um terço do corpo docente em tempo integral.
- Instituto Federal de Educação, Ciência e Tecnologia para efeitos regulatórios, equipara-se à universidade tecnológica.
- Centro Federal de Educação Tecnológica – para efeitos regulatórios, equipara-se ao centro universitário.

Com relação aos tipos de cursos e graus

- Graduação – cursos superiores que conferem diplomas, abertos a candidatos que tenham concluído o Ensino Médio ou o equivalente e tenham sido classificados em processo seletivo, conferindo os graus de bacharelado, licenciatura ou tecnologia.
- Bacharelado – curso superior generalista, de formação científica ou hu-

manística, que confere ao diplomado competências em determinado campo do saber para o exercício de atividade profissional, acadêmica ou cultural, com o grau de bacharel.

- Licenciatura – curso superior que confere ao diplomado competências para atuar como professor na educação básica, com o grau de licenciado.
- Tecnologia – cursos superiores de formação especializada em áreas científicas e tecnológicas, que conferem ao diplomado competências para atuar em áreas profissionais específicas, caracterizadas por eixos tecnológicos, com o grau de tecnólogo.
- Pós-graduação *stricto sensu* – cursos de educação superior compreendendo os programas de mestrado e doutorado acadêmico ou profissional, que conferem diploma aos concluintes.
- Especialização ou pós-graduação *lato sensu* – programas abertos a candidatos diplomados em cursos de graduação e que atendam às exigências das instituições de ensino, observada a carga horária mínima e requisitos fixados nas normas próprias, e conferem certificados aos concluintes.
- Residência médica – programa de pós-graduação *lato sensu*, especialização na área médica, caracterizado como treinamento em serviço.
- Residência multiprofissional em Saúde – programa de pós-graduação *lato sensu*, especialização nas áreas de Saúde distintas da Medicina, caracterizados como treinamento em serviço.
- Extensão – programa de formação da Educação Superior, voltado a estreitar a relação entre universidade e sociedade, aberto a candidatos que atendam aos requisitos estabelecidos pelas instituições de ensino, que confere certificado aos estudantes concluintes. Compreende programas, projetos e cursos voltados a disseminar ao público externo o conhecimento desenvolvido e sistematizado nos âmbitos do ensino e da pesquisa e, reciprocamente, compreender as demandas da comunidade relacionadas às competências acadêmicas da instituição de educação superior.

Com relação aos turnos de oferta dos cursos

- Matutino – curso em que a maior parte da carga horária é oferecida até as 12h todos os dias da semana.
- Vespertino – curso em que a maior parte da carga horária é oferecida entre 12h e 18h todos os dias da semana.
- Noturno – curso em que a maior parte da carga horária é oferecida após as 18h todos os dias da semana.

- Integral – curso ofertado inteira ou parcialmente em mais de um turno (manhã e tarde, manhã e noite, ou tarde e noite), exigindo a disponibilidade do estudante por mais de 6 horas diárias durante a maior parte da semana.

Com relação à temporalidade dos cursos

- Periodicidade – intervalo em que se organizam as atividades de ensino perfazendo a carga horária determinada pelo projeto pedagógico do curso para um conjunto de componentes curriculares. Usualmente semestral ou anual; em casos específicos, justificados pelas características do projeto pedagógico, pode ter outro regime, como trimestral ou quadrimestral.
- Integralização – duração do curso ou prazo previsto para que o estudante receba a formação pretendida. O tempo total deve ser descrito em anos ou fração.

Quanto à modalidade dos cursos

- Presencial – modalidade de oferta que pressupõe presença física do estudante às atividades didáticas e avaliações.
- À distância – modalidade educacional na qual a mediação nos processos de ensino e aprendizagem ocorre com a utilização de meios e tecnologias de informação e comunicação, com estudantes e professores desenvolvendo atividades educativas em lugares ou tempos diversos.

Quanto aos locais de oferta

- *Campus* – local onde se oferece uma gama de atividades administrativas e educacionais da instituição, incluindo espaços para oferta de cursos, bibliotecas, laboratórios e áreas de prática para estudantes e professores, além de reitorias, pró-reitorias, coordenação de cursos, secretaria, funcionamento de colegiados acadêmicos e apoio administrativo.
- Unidade – local secundário da instituição, onde se exercem apenas atividades educacionais ou administrativas.
- *Campus* sede – local principal de funcionamento da instituição, incluindo os órgãos administrativos e acadêmicos centrais, a oferta dos cursos e as demais atividades educacionais. Para fins regulatórios, o município em que se situa a sede da instituição delimita o exercício de prerrogativas de autonomia, no caso de universidades e centros universitários.
- *Campus* fora de sede – local secundário de funcionamento da instituição, fora do município onde a sua sede se localiza, se oferecem cursos e realizam atividades administrativas. É restrito às universidades e depende

de credenciamento específico, em regra não gozando de prerrogativas de autonomia.

- Unidade educacional na sede – local secundário de oferta de cursos e atividades educacionais no município em que funciona a sede da instituição.
- Unidade educacional fora de sede – local secundário de oferta de cursos e atividades educacionais em município distinto daquele em que funciona a sede da instituição, incluindo fazendas, hospitais e qualquer outro espaço em que se realizem atividades acadêmicas, conforme previsão no ato de credenciamento do *campus* fora de sede.
- Unidade administrativa – local secundário de realização de atividades exclusivamente administrativas.
- Núcleo de educação a distância (EAD) – unidade responsável pela estruturação da oferta de EAD na instituição, compreendendo as atividades educacionais e administrativas, incluídas a criação, gestão e oferta de cursos com suporte tecnológico, bem como a administração, a produção de materiais didáticos e os recursos próprios da EAD. Aplica-se ao Núcleo de EAD, para fins regulatórios, no que couber à disciplina correspondente ao *campus* sede.
- Polo de apoio presencial de EAD – unidade operacional para o desenvolvimento descentralizado de atividades pedagógicas e administrativas relativas aos cursos e programas ofertados na modalidade de educação a distância.
- Agrupador – endereço principal de um *campus* ou unidade educacional, que agrega endereços vizinhos ou muito próximos, no mesmo município, no qual as atividades acadêmicas ou administrativas se dão com algum nível de integração.

Quanto ao vínculo dos docentes

- Tempo integral – docente contratado para trabalhar 40 horas semanais na mesma instituição, reservado o tempo de pelo menos 20 horas semanais aos estudos, à pesquisa, aos trabalhos de extensão, gestão, planejamento, avaliação e orientação de estudantes.
- Tempo parcial – docente contratado para atuar por 12 ou mais horas semanais de trabalho na mesma instituição, reservado pelo menos 25% do tempo para estudos, planejamento, avaliação e orientação de estudantes.
- Horista – docente contratado pela instituição exclusivamente para ministrar aulas, independentemente da carga horária contratada, ou que não se enquadre nos outros regimes de trabalho acima definidos.

- Núcleo docente estruturante – conjunto de professores da instituição responsável pela formulação do projeto pedagógico do curso, sua implementação e desenvolvimento, composto por professores com titulação em nível de pós-graduação *stricto sensu*, contratados em regime de trabalho que assegure preferencialmente dedicação plena ao curso, e com experiência docente.

Quanto à situação dos estudantes com relação à IES

- Matrícula – vínculo do estudante a um curso superior.
- Matrícula ativa – vínculo do estudantes a um curso superior, que corresponde à realização de disciplinas ou atividades previstas no projeto pedagógico ou ainda à conclusão do curso no ano de referência.
- Matrícula não ativa – vínculo formal de estudante a um curso superior, sem correspondência com atividades acadêmicas.
- Matriculado – estudante vinculado formalmente a curso superior. Atributo referido ao estudante, diferentemente do conceito de matrícula, que se refere ao curso.
- Ingressante – estudante que efetiva a matrícula inicial no curso.
- Por processo seletivo – estudante que efetiva a primeira matrícula no curso, após aprovação em processo seletivo.
- Por outras formas de ingresso que dispensam processo seletivo – estudante que efetiva a matrícula no curso na condição de portador de diploma de curso superior ou em virtude de mudança de curso dentro da mesma instituição, transferência de outra instituição, ou acordo internacional, como PEC-G.
- Concluinte – estudante que tenha a expectativa de concluir o curso no ano de referência, considerando o cumprimento de todos os requisitos para a integralização do curso em todos os componentes curriculares.
- Inscrito – estudante que se inscreve para participar de processo seletivo de ingresso em curso superior.
- Desistente – estudante que interrompe o vínculo formal com o curso em que estava matriculado.

Com relação à oferta de vagas

- Vagas autorizadas – número de lugares destinados ao ingresso de estudantes em curso superior, expressas em ato autorizativo, correspondente ao total anual, que a instituição pode distribuir em mais de um processo seletivo. No caso das instituições autônomas, consideram-se autorizadas as vagas aprovadas pelos colegiados acadêmicos competentes e regularmente informadas ao Ministério da Educação, na forma do art. 28 do Decreto 5.773, de 2006.

- Vagas oferecidas – número total de vagas disponibilizadas nos processos seletivos constantes dos editais expedidos pela instituição.

Essas classificações e esses registros foram retirados diretamente da LDBEN e de outros documentos utilizados por avaliadores do MEC, quando em viagens de inspeção e verificação de condições de oferta de cursos nas diversas modalidades. Eles foram compilados da forma como são apresentados nos cursos de Pedagogia, para informar aos professores sobre o ambiente no qual irão desenvolver as suas atividades.

ATENÇÃO! Sugere-se que o aluno efetue a leitura completa da LDBEN – Lei de Diretrizes e Bases da Educação Nacional – Lei n. 9.394, de 20 de dezembro de 1996. Além deste documento, existem outras disposições legais que o interessado poderá obter com as palavras-chave de pesquisa "aspectos legais sobre a constituição de uma IES no Brasil", que traz apontamentos gerais e locais. Como não se tem tempo para que todos esses aspectos sejam tratados no escopo deste programa, solicita-se que o aluno que deseja aperfeiçoar seu conhecimento pesquise mais profundamente o assunto. Um desses documentos, que também deve ser lido com atenção, é o decreto n. 2.306, de 19 de agosto de 1997, do qual foram retiradas algumas colocações deste capítulo.
Estes são documentos originais, dos quais foram derivadas portarias e legislações municipais utilizadas para a adequação de procedimentos.

Glossário – Unidade 1

Avaliação institucional – processo que engloba a avaliação dos diferentes aspectos de ensino, pesquisa, extensão e gestão das IES, utilizado pelos órgãos reguladores da educação para renovar o credenciamento dos cursos oferecidos por uma IES.

***Coaching* educacional** – técnica proveniente do mercado corporativo, na qual um profissional orienta outro com ações e comportamentos, para que ele consiga atingir os objetivos a que se propôs ao desenvolver algum processo educacional específico.

Democratização do acesso ao processo de ensino e aprendizagem – ação social que objetiva a eliminação de um dos principais aspectos da exclusão social: barreiras financeiras, geográficas ou pessoais que impedem que uma pessoa desenvolva um processo de formação que lhe permita adquirir competitividade no mercado de trabalho.

Desenvolvimento sustentável – diz respeito à obtenção de crescimento econômico necessário para a sobrevivência de um negócio, porém com garantia de preservação do meio ambiente e o desenvolvimento social para o presente e para as gerações futuras.

Educação aberta – conjunto de práticas relacionadas aos seguintes propósitos: liberdade do aluno escolher onde irá desenvolver seus estudos; possibilidade de estudo por módulos, de acordo com a disponibilidade do aluno; utilização da aprendizagem autônoma; gratuidade do ensino; isenção de requisitos ou vestibulares; acessibilidade portadores com deficiência.

Empregabilidade – competências e habilidades que tornam o profissional desejável e importante para qualquer empresa. Tais características são obtidas em processos de formação permanente e continuada, em seguimento à educação formal, e tornam o professional competitivo.

Fies – denominação dada ao Financiamento do Ensino Superior. O Fies (Fundo de Financiamento Estudantil) é um programa do MEC destinado à concessão de financiamento a estudantes regularmente matriculados em cursos superiores presenciais não gratuitos e com avaliação positiva nos processos de avaliação conduzidos pelo MEC.

Glocalização – neologismo resultante da fusão dos termos globalização e localização, indicando que ocorre a presença da dimensão local na cultura global mundializada.

Imobilismo acadêmico – refere-se ao estereótipo criado com a demora que a instituição de Ensino Superior apresenta em relação ao acompanhamento que programas acadêmicos dão à evolução tecnológica, cada vez mais defasada.

Pensamento crítico – julgamento propositado, intencional e reflexivo sobre o que acreditar, a partir da observação, experimentação e validação de definições e informações submetidas ao senso crítico individual.

PROUNI – sigla de Programa Universidade para Todos. Trata-se de um programa governamental que permite que os alunos das escolas públicas ingressem nas universidades por meio de bolsas de estudo, desde que apresentem os requisitos e obtenham o aproveitamento previamente estabelecido.

Responsabilidade e autoridade social – forma de gestão ética, transparente e em favor do social, que tem como responsabilidade minimizar a ação e os impactos negativos no meio ambiente e na comunidade das organizações do mercado acadêmico e corporativo.

Sistema de ensino brasileiro – conjunto de recomendações, também conhecidas como Lei de Diretrizes e Bases da Educação Nacional, que define os princípios orientadores da organização de programas educacionais geridos e organizados separadamente por cada nível de governo.

Tigres asiáticos – grupo econômico constituído pela Coreia do Sul, Cingapura, Taiwan e Hong Kong, regiões localizadas no sudoeste asiático e que, em um curto período, expandiram-se economicamente.

Unesco – sigla em inglês para United Nations Educational, Scientific and Cultural Organization (Organização das Nações Unidas para a Educação, a Ciência e a Cultura). Trata-se de um órgão que tem como objetivo contribuir para a paz e segurança no mundo por meio da educação, da ciência, da cultura e das comunicações (sic).

Viver com a incerteza – situação que as condições de vida da sociedade atual impõem às pessoas, ao não lhes dar as respostas que esperam, para definir como será a sua vida.

UNIDADE 2

CARACTERÍSTICAS DA INSTITUIÇÃO ESCOLAR NO CONTEXTO SOCIOECONÔMICO CULTURAL BRASILEIRO

1. Introdução

Apesar da possibilidade de cada IES apresentar sua face e política particular, o baixo rendimento acadêmico demonstrado por elas sugere que sejam seguidas orientações específicas, colocadas por órgãos reguladores, que apresentam em fóruns, seminários e congressos, estudos que se tornam modelo a ser seguido. A leitura desses documentos permite que seja montado um material que pode ser utilizado genericamente e que abrange todas as instituições de Ensino Superior. Essas características foram apresentadas parcialmente no módulo 1, quando os objetivos, as finalidades da existência e como está colocada a organização da IES foram considerados. Completam esse perfil de características a análise da política educacional da IES, questões referentes à autonomia e formação de professores, desenvolvida em serviço, e o levantamento das necessidades de recursos materiais para a IES. Com esses dados temos uma fonte de consulta para qualquer pessoa que, desde que tenha as condições exigidas, possa estabelecer uma escola própria ou para terceiros como consultor.

Para os professores, muitos conceitos aqui colocados não são conhecidos em detalhes, o que lhes permitiria saber quais são as reais necessidades ligadas à docência nas IES em todo o território nacional.

2. A política educacional da instituição de ensino

Normalmente, quem determina a política educacional são os órgãos reguladores da educação em nosso país. Os ecos do recente fórum mundial ainda não chegaram aqui e, a partir do momento que chegarem, o imobilismo acadêmico deve fazer com que muitos deles ainda demorem a ser implantados. Algumas recomendações presentes neste material foram retiradas do que foi apresentado no fórum mundial em Seul, sem restrições de utilização no meio acadêmico, um dos assuntos discutidos durante o seu desenvolvimento.

Há um documento que circula no meio acadêmico em que são estabelecidas metas a serem cumpridas, em termos de políticas educacionais para a próxima década, e que abrange o espaço coberto entre os anos 2010 a 2020. Ele foi desenvolvido com a Unesco, e o atendimento de suas recomendações parece ser, no momento, a base que orienta comportamentos e atitudes, pelo menos até que o resultado do fórum internacional de 2015 comece a influenciar o meio acadêmico, via estudo desenvolvido por seus mestres e doutores.

O documento produzido recebeu a designação "Desafios e Perspectivas da Educação Superior Brasileira para a Próxima Década", sendo que há recomendações que ainda não foram aplicadas, o que pode afetar os resultados esperados e a criação de um processo de ensino e aprendizagem altamente qualitativo no ambiente acadêmico.

Em seu conteúdo, perpassa a orientação para que as IES promovam alterações em seus sistemas de educação superior (ES) e de pesquisa, no sentido de estimular e desenvolver novas formas de aprendizagem e de produção, gestão e aplicação do conhecimento. Não é uma meta simples, mas de grande envergadura, e que exige aplicação de esforços, mais do que de recursos financeiros, também necessários.

Os aspectos mais destacados colocam como responsabilidade da IES investigar o nível de contribuição que ela está dando para aumentar a transmissão, produção e disseminação de conhecimento. Além disso, é destacado o compromisso da efetivação de sua responsabilidade social e de respeito à diversidade, com a construção de sociedades que sejam mais justas e igualitárias, o que converge com o que você viu quando estudou as questões de missão da IES.

A principal estratégia, segundo a qual a ação das IES foi orientada, reside na recomendação da ampliação das redes acadêmicas e a construção de novos modelos e possibilidades, tais como **aprendizagem baseada em problemas**, sala de aula invertida, jogos em educação, processos de gamificação, uso de realidade virtual e realidade ampliada, sistemas especialistas, inteligência artificial e robótica, entre outras inovações possíveis.

A partir daí, diversos congressos e outros eventos, denominados oficinas, foram efetivados e orientaram a produção do Plano Nacional de Educação – PNE 2011 – 2020.

PARA SABER MAIS! Leia o documento PNE 2011 – 2020 como forma de aprofundar seus conhecimentos acerca do que o governo espera das IES.

Essa movimentação suscitou uma série de reflexões e estudos desenvolvidos no próprio setor acadêmico:

- Analisar os processos de expansão do ES;
- Investigar a utilização da tecnologia;
- Verificar a formação dos agentes educacionais para utilização das novas tecnologias;
- Discutir formas de articulação do sistema das IES públicas federais, estaduais e municipais, sem exclusão das IES particulares;
- Analisar novas formas de aplicação do ensino a distância (EaD) e educação aberta;
- Verificar a proposta de internacionalização.

Esses aspectos devem fazer parte das competências e habilidades exigidas dos gestores das IES, muitos dos quais ainda resistem à aplicação de técnicas e práticas de sucesso no mercado corporativo, algo que deve ser combatido por não colaborar em nada com as propostas de melhoria da qualidade educacional nas IES brasileiras.

Do documento produzido pelo CNE emanam três recomendações principais:

- Democratização do acesso e flexibilidade dos modelos de formação;
- Elevação da qualidade e da avaliação da ES oferecida aos alunos;
- Verificação do nível de efetivação do compromisso social e inovação da IES no contexto atual.

(Fonte: Documento PNE 2011 – 2020.)

É recomendado que essas verificações sejam efetuadas de forma constante e sejam parte integrante da proposta de avaliação institucional conforme estabelecido pelo Sinaes (Sistema Nacional de Avaliação da Educação Superior).

No que diz respeito à atuação da IES, as seguintes propostas foram detalhadas, colocando em evidência:

- a **democratização do acesso**;
- as rotinas de garantia de permanência;
- a ampliação da rede pública de IES envolvidas;
- a redução das desigualdades regionais;

- a formação com qualidade;
- a diversificação na oferta de cursos;
- a qualificação de profissionais docentes;
- a garantia de financiamento para as IES, com prioridade para as instituições públicas;
- a relevância social dos programas oferecidos;
- o estímulo à pesquisa científica e tecnológica.

(Com base em Documento PNE 2011-2020.)

Assim, esses elementos convergem com o que foi estudado no primeiro módulo e redundam algumas das recomendações colocadas como objetivos, finalidades e organização do Ensino Superior.

Algumas propostas estão em andamento. A partir de seus planos de desenvolvimento institucional (PDI), é possível observar que há crescimento da oferta de educação superior na faixa etária de 18 a 24 anos, mas que ainda não atinge o percentual de 30% previsto para o final da década. Há uma política de redução da desigualdade de oferta por região, com o surgimento de faculdades particulares em locais antes não atendidos, embora o resultado ainda seja incipiente. Pode-se destacar, ainda, a criação e aplicação de sistemas interativos de Educação a Distância, que se considera como um dos mais avançados com a Universidade Aberta do Brasil. Há evolução nos processos de avaliação, tanto externos quanto internos, segundo os avaliadores do MEC, no que diz respeito à melhoria da qualidade de ensino, da pesquisa, da extensão e da gestão acadêmica (são números divulgados em documentos esparsos do Instituto Anísio Teixeira).

A aplicação de políticas educacionais diversificadas está em andamento. Com relação à educação aberta, as instituições públicas começaram a participar, como a Universidade Federal de Santa Catarina (UFSC) no consórcio Veduca, com a oferta de **MOOCs**, um caminho que se considerava de difícil aceitação.

O Fies e Prouni atendem aos anseios de aumento de vagas. A participação de novas instituições no **Sisu** abrem portas para um processo de democratização do acesso a alunos que participaram do **Enem** do ano anterior e, assim, crescem as vagas na educação gratuita.

Algumas universidades atendem ao processo de interiorização com a abertura de unidades fora de sede, uma prerrogativa legal dada para as universidades brasileiras cujo aproveitamento pode aumentar as possibilidades de acesso. A criação de novos Cefets e escolas técnicas amplia a democratização. O aumento foi significativo, e hoje sobram vagas em números não esperados, o que suscita novos estudos para verificar como será possível convencer o aluno a participar da iniciativa do **Pronatec** – Programa Nacional de Acesso ao Ensino Técnico e Emprego.

As propostas para 2011-2020 estão, aos poucos, sendo cumpridas, e as políticas educacionais assumidas nos programas de desenvolvimento institucionais, se ainda não atingiram as metas, apresentam resultados animadores. É preciso impedir que os investimentos já efetivados sejam suprimidos, como consequência da **contenção fiscal** que o país atravessou em 2015, o que poderia prejudicar a continuidade dos projetos estabelecidos e o alcance das metas.

PARA SABER MAIS! A importância do assunto justifica que o aluno seja orientado no sentido de acompanhar a evolução dos programas descritos neste capítulo, o que pode ser feito com a leitura do documento "Balanço da educação no segundo semestre de 2010 e primeiro semestre de 2022, com análise das metas". Disponível em: <www.ipea.gov.br/agencia/images/stories/PDFs/politicas_sociais/bps_20_cap04.pdf>. Acesso em: 27 jan. 2016. Sugere-se que você se lembre do que foi pontuado nos documentos do fórum de Educação, estudado no capítulo anterior.

3. Especialistas na instituição educacional

As mudanças sugeridas nas estruturas, no procedimento e nas políticas não poderiam deixar de afetar um dos principais agentes educacionais envolvidos, o docente do Ensino Superior, não tão sofrido quanto aquele que trabalha nas séries iniciais, mas ainda assim um professor, sujeito a parte das mazelas que atinge o professorado em todos os níveis.

Dele são exigidos novas atitudes e novos comportamentos. Segundo Veras (2011), o enfrentamento de uma nova geração digital é talvez o maior desafio colocado, principalmente para docentes egressos do ensino presencial, em que os ambientes centrados no aluno não passam de propaganda de um fato nunca efetivado.

O trabalho com as tecnologias é o segundo desafio, fechado com novas práticas e comportamentos necessários para transitar de forma segura nos ambientes virtuais de aprendizagem e orientar os alunos para o desenvolvimento de suas atividades, voltadas para solução de problemas.

A partir desses desafios, o profissional docente deve criar uma série de estratégias educacionais, ou utilizar aquelas já existentes e testadas com sucesso, conhecidas como ideias pedagógicas, que utilizam a tecnologia educacional como mediadora do processo de ensino e aprendizagem.

Dessa forma, a competência docente supera os conhecimentos adquiridos durante o processo de educação formal, e a evolução constante e acelerada exige um complemento por meio de processos de formação permanente e continuada, desenvolvida em serviço.

O ensino relativo à didática do Ensino Superior, como desenvolvido na educação formal, ainda que não esteja sob o crivo da crítica, pelo menos exige complementações e orientações provenientes de novas formas propostas para o desenvolvimento da ação e prática profissional, para que seja possível assumir a docência no ensino superior preparado para desenvolver o que se espera do docente.

Há um conjunto de paradigmas com os quais a IES e o próprio docente devem se preocupar. Gallo (2012), em seus estudos, conclui que os pequenos desafios, que não são poucos, podem ser reunidos sob a necessidade de reflexão, para que a docência no Ensino Superior seja desenvolvida com excelência.

Com essa proposta, torna-se possível que o docente possa analisar de forma mais lúcida a questão de individualização do processo de ensino, para que o processo de aprendizagem seja mais completo, significativo e de maior qualidade. Esses cuidados derivam do fato de que um número cada vez menor de egressos no curso de Pedagogia, fonte de formação de nossos professores, se encaminha para a atividade da docência.

As questões envolvem pagamento insuficiente, falta de autonomia e aplicação de toda uma série de estereótipos à ação e prática docente. Um decréscimo no processo de formação docente, com algumas "facilidades" concedidas nos programas de formação desenvolvidos na modalidade EaD, ajudam a manter estatísticas, prestando um desserviço ao formar professores que não têm as condições mínimas necessárias para desenvolvimento de um trabalho com qualidade.

Ferreira (2010) é mais crítico em suas considerações. A proposta de levar o aluno de um ponto inicial de conhecimento cognitivo a um patamar superior, após a aplicação de um processo educacional, está sendo desenvolvida de forma incorreta pelos docentes. A aplicação de um mesmo conteúdo, de um processo de avaliação regular e uniforme e que ignora as características individuais, traz resultados deficientes, que podem ser observados na ação e prática docente.

Reconhecer essa realidade, ignorando a busca de "culpados" e dirigindo os esforços na mudança dos cursos de formação, a partir da efetivação de um processo de formação permanente e continuada, desenvolvida em serviço, é considerado o caminho mais indicado na recuperação de boas condições para o desenvolvimento da atividade de ensino.

Consequentemente, torna-se mais fácil desenvolver um processo qualitativo de orientação do aluno no desenvolvimento da aprendizagem independente, orientando-o para "**aprender a aprender**".

Para atingir esse estágio são aplicadas estratégias educacionais. Elas devem estar presentes e podem ser aplicadas de forma flexível, de acordo com as características individuais de cada aluno. Essa proposta é corroborada nos estudos de Gallo (2012), quando ele considera que educar, em sentido etimológico, consiste em levar o aluno de um ponto para outro, caminhando com ele.

O "***coaching* educacional**" entra em cena e se coloca como um paradigma a ser desenvolvido. O docente assume o papel de "***coach***" e o aluno é posto como "***coachee***". O ponto de chegada de um trabalho conjunto com as características de atendimento pessoal beneficia ambos os participantes. Uma das partes, não importa qual, troca de lugar, aproveita e se beneficia do conhecimento do outro.

Nessa visão, Nóvoa (2007) considera que o processo de educar e o relacionamento entre os agentes educacionais envolvidos se torna mais humano e leva em consideração que ambas as partes ensinam e que ambas as partes educam, na troca de experiências desenvolvidas por cada um dos participantes.

A prática normal, da preparação da aula diária, sempre da mesma forma, é quebrada com grande benefício: o aluno e o professor enfrentam juntos e de forma diferenciada a proposta de ensino e aprendizagem. O relacionamento de poder é afastado do relacionamento entre professor e aluno. Uma das estratégias utilizadas neste esforço é o estabelecimento da aprendizagem baseada em problemas e a inversão da sala de aula tradicional.

O preparo de aulas expositivas, desenvolvidas de forma mecânica, deve cair no esquecimento, trocadas por estratégias desenvolvidas por meio de um projeto instrucional cuidadosamente planejado, que tem tudo para chamar a atenção do aluno, incentivando a motivação, autonomia e permanência do aluno no processo, com consequente diminuição do indesejável processo de evasão.

A repetição de uma aula como no dia anterior é um processo que dificilmente irá ocorrer, ainda que o ponto de partida venha a ser um material já desenvolvido (um *podcast*, vídeo, tutorial ou outro elemento qualquer).

É importante analisar o ser humano como alguém que necessita de um mediador entre ele e o objeto de estudo, para além da mediação tecnológica, de modo que ele possa enxergar o que não está revelado. A prática, por sua vez, enxerga essa mediação como uma técnica, que pode ser colocada como uma "dica", facilitando a aprendizagem. É um processo que facilita a interação do aluno com um objeto desconhecido, sobre o qual ele ainda não formulou uma conceituação correta.

Alves (2005) defende esse posicionamento e amplia a proposta, orientando o professor a apresentar ao aluno o máximo de possibilidades que lhe permitam efetuar as suas escolhas de acordo com suas necessidades e significância para sua vida pessoal e profissional.

Despertar o interesse de quem aprende está na raiz de como o professor contemporâneo deve ser formado, para atuar como um mediador, comunicador e parceiro nas atividades de ensino e aprendizagem. A atividade pode parecer simples, mas no desenvolvimento prático de programas de formação diferenciada do docente percebe-se o quão difícil é a mudança cultural, que permanece na transição de paradigmas.

Respeitar o que o aluno traz como bagagem, nas salas de aula tradicionais ou não presenciais, é uma recomendação não efetivada pela maioria dos professores, formados de acordo com as características do que funcionou para gerações anteriores, não levando em conta as características de uma geração digital.

Na contundência de sua argumentação, Veras (2011) recomenda aos professores que abandonem suas crenças e atuem no sentido de aprender a discutir com os seus alunos a profissão futura de cada um, orientando na busca de conteúdos que sejam significantes para ele e não para o docente. A aquisição de senso crítico floresce quando é permitido que o aluno aprenda pelo erro, outra ideia pedagógica em destaque.

Uma postura de companheirismo deve fazer o professor abandonar a posição de "detentor do conhecimento", trocada por uma convivência com o aluno. A perspectiva de "estar com o aluno" é colocada na utilização dos princípios do *coaching* educacional.

Resgatar a agradabilidade na atividade de ensino e aprendizagem também está colocado como um objetivo. O uso de jogos em educação, a gamificação, a inteligência artificial, a ludicidade do 3D e da realidade virtual são conhecimentos não tradicionais na formação do professor, mas que agora, em uma sociedade tecnológica na qual vivemos, passam a ser comuns em seu programa de estudos.

Os agentes educacionais devem estar colocados na perspectiva do enfrentamento de desafios, cuja superação está na raiz da personalidade humana. Estimular a curiosidade e tornar a atividade de aprender uma atividade agradável é uma proposta interessante, mas são necessárias **atitudes proativas**. É do desempenho individual, e não de técnicas, que os resultados podem ser obtidos. A tecnologia deve ser encarada no contexto como uma ferramenta de apoio, que pode ajudar muito, não mais que isso.

A ânsia que a aprendizagem de novos conhecimentos desperta, quando o aluno consegue superar as barreiras e chegar até os bancos escolares, deve ser aproveitada. É preciso que o professor seja colocado diante dos paradigmas, que saiba o que se exige dele como profissional e mostre o caminho a ser seguido, sem que atitudes doutorais venham a prejudicar um relacionamento precioso e que precisa ser resgatado: a relação professor × aluno.

É preciso destacar que a convivência entre pessoas diferentes, em vez de trazer problemas de relacionamento, representa a possibilidade de crescimento que pode expandir horizontes individuais.

Os olhares daqueles que desenvolvem os projetos educacionais devem focalizar na significância do conteúdo, nas técnicas aprendidas e na adequação da formação dos alunos para o mercado de trabalho.

É preciso que os docentes, principalmente aqueles mais capacitados, abandonem as suas torres de cristal, onde se escondem e desenvolvem atitudes e comportamentos totalmente avessos ao relacionamento interpessoal, necessário para que a atividade de ensino e aprendizagem ocorra de forma natural, não imposta e, consequentemente, com a qualidade necessária.

Nóvoa (2007) é enfático ao assegurar que a recuperação do encanto possível no relacionamento professor × aluno é o caminho mais correto para que muitas mazelas que hoje podem ser observadas no contexto de ensino e aprendizagem sejam superadas por meio do esforço conjunto entre pessoas cujo interesse comum é a evolução do conhecimento.

Aquele que quer ser professor do Ensino Superior na atualidade deve primeiramente pensar no bem-estar coletivo, de todos os agentes educacionais envolvidos no processo de ensino e aprendizagem. Dessa forma, registra-se que o professor deve adquirir condições (via formação permanente e continuada desenvolvida em serviço) para desenvolver de forma flexível diversas técnicas e estratégias de aprendizagem.

PARA SABER MAIS! Existem muitas publicações que você pode acessar para complementar os estudos sugeridos neste material. Uma delas é uma publicação referente a congresso efetivado em 2005 nas instalações da Unesp.

O material é um e-book com as seguintes características:

Unesp – VIII Congresso Estadual Paulista Sobre Formação de Educadores, 2005. Autores: Diversos participantes de palestras efetivadas durante o congresso.

Disponível em: <www.unesp.br/prograd/e-book%20viii%20cepfe/LinksArquivos/10eixo.pdf>. Acesso em: 27 jan. 2016. O material é extenso e sua leitura é recomendável, pois aprofunda muitas afirmações feitas neste material de estudo.

4. Recursos materiais na instituição educacional

As IFES (Instituições Federais de Ensino Superior), junto com as estaduais e municipais, estão sujeitas em termos legais, por decretos e leis, às decisões que podem tomar, especificamente no que diz respeito a questões de autonomia, que não serão tratadas neste documento.

Para a IPES (Instituições Particulares Ensino Superior), é que são dirigidas as orientações colocadas neste documento, ainda que representem uma visão macro de necessidades, sem um detalhamento, que depende de características particulares de cada instituição.

Em termos de levantamento de materiais, os recursos pedagógicos, estruturais e ambientais são atendidos pelos seguintes documentos entregues aos órgãos reguladores da educação no país, quando do registro e autorização de funcionamento da IES:

- PEI – Planejamento Estratégico Institucional;
- PPI – Projeto Político Institucional;
- PDI – Projeto Pedagógico institucional;
- PPC – Projeto Pedagógico de Curso e de Currículo.

As instruções para o desenvolvimento desses documentos podem ser baixadas dos *sites* dos órgãos que regulam a oferta da educação em nosso país. Eles devem atender a regras específicas. A apresentação *in loco* das condições colocadas nesses relatórios é efetuada por comissões de especialistas, cada uma delas com profissionais especializados nas áreas em que a instituição irá atuar.

Nesse conjunto de documentos, uma parte refere-se às condições que devem apresentar os ambientes nos quais serão desenvolvidas as atividades educacionais. Cursos presenciais, semipresenciais e não presenciais têm documentos particulares em que os recursos são diferenciados e avaliados por diferentes comissões.

Cada documento tem sua característica, e o que vamos relacionar nos tópicos seguintes está presente nestes documentos, que destacam e particularizam o conteúdo, especificamente em relação aos materiais necessários em termos didáticos, pedagógicos e estruturais. Na leitura de cada um deles (indicados ao final deste capítulo), o aluno poderá encontrar os detalhes necessários.

Os documentos referenciados são propostos com o objetivo de possibilitar a oferta de formação globalizada e crítica para os agentes educacionais, de forma a capacitar todos os envolvidos nos processos de ensino e aprendizagem oferecidos pela Instituição de Ensino Superior, para o exercício da cidadania e formação profissional de acordo com o que o mercado deseja, possibilitando ao egresso o pleno desenvolvimento pessoal desejado.

Nesses documentos, pode ser encontrada a relação de materiais (carteiras, quadro-negro, projetores, materiais multimídia e outros) considerados como recursos físicos para atender às condições de efetivação dos processos de ensino e aprendizagem.

Outro nível de detalhamento refere-se às estruturas, momento em que são tratadas as características das salas de aula, localização de banheiros e plataformas de acesso a pessoas com necessidades especiais, bem como questões de iluminação e de localização próxima a pontos de transporte. Esses detalhes são particularizados de acordo com as condições individuais de cada instituição, que são verificadas *in loco*.

Os documentos estabelecem condições de atendimento curricular, qualificação de professores, categoria e formação para a estrutura administrativa. Tudo o que diz respeito ao didático e pedagógico é levado em consideração. Bibliotecas e acesso a meios digitais estão incluídos nas atividades de verificação.

No caso de inovações tecnológicas, os ambientes (tradicionais, laboratórios, virtuais) também são analisados como recursos e verificados durante as visitações *in loco*. Instituições que oferecem cursos na modalidade à distância têm seus polos verificados ou, se propõem imersão total, têm sua estrutura de apoio virtual analisada por especialistas.

Como é possível observar, a variedade de recursos é apresentada, mas seu detalhamento foge do escopo deste material. Será deixada a opção para que o leitor obtenha recursos nos quais estes aspectos são detalhados, com recomendações das pontuações que cada um deles pode acrescentar ao conceito da instituição.

Para cada nível (faculdade, centro, universidade) os recursos são diferenciados, sendo apresentados nos relatórios que o aluno deve ler como aprofundamento de sua atividade de aquisição de conhecimentos que lhe permitam participar de equipes de implantação de IES, uma necessidade ainda não atendida plenamente em termos de instituições federais, estaduais e municipais. Em nível de instituições particulares, há a necessidade de uma distribuição geográfica diferenciada, pois há locais onde a concentração é muito grande e outros onde as instituições poderiam beneficiar a população local.

Apresentamos, então, o que cada um dos documentos indicados trata:

- O PEI (Planejamento Estratégico Institucional) é utilizado para formulação de estratégia organizacional de longo prazo e fornece o direcionamento para atender os objetivos da instituição. São destacados, a partir do estabelecimento do Sinaes, os recursos necessários para a efetivação do projeto de avaliação interna e externa;

- No PPI (Projeto Pedagógico Institucional), são relacionadas as questões estatutárias e regimentais, com destaque para recursos de pessoal e orientação para aquisição de materiais, a fim de que as atividades educacionais possam ser desenvolvidas. A perspectiva de formação docente costuma ser colocada neste material, definindo os recursos para que ela aconteça;
- O PDI (Projeto Pedagógico Institucional), indica a expansão e como ela será desenvolvida no decorrer do tempo. É um documento que traz para o presente, o planejamento de médio prazo (5 anos) para a IES, e onde são detalhados recursos e questões de sustentabilidade financeira. É um instrumento de gestão de caráter coletivo. O processo de gestão dos recursos está nele colocado, bem como as previsões de expansão em termos de salas, laboratórios e outros;
- O PPC (Projeto Pedagógico de Curso e de Currículo), se volta para recursos materiais, didáticos e pedagógicos direcionados para um curso específico. Por exemplo, o projeto destinado a um curso de Engenharia deve determinar, além dos recursos de pessoal, as necessidades em termos de laboratórios e materiais de apoio para o desenvolvimento de atividades relacionadas à profissão.

Normalmente, as orientações para o preenchimento desses documentos trazem os detalhes dos recursos materiais exigidos para o credenciamento e a autorização de funcionamento da IES, de acordo com as características propostas para cada instituição em particular.

Um dos destaques ao qual não é dada toda a atenção necessária diz respeito ao elemento "currículo". Ele é o documento mais importante em termos de organização acadêmica, e detalha os recursos de pessoal envolvidos na abertura da IES ou de novos cursos para IES já estabelecidas.

Eles seguem, ou deveriam seguir, as diretrizes curriculares, que alguns consideram engessamento. Mas isso não impede que inovações sejam propostas. Consideradas melhoria curricular, elas recebem a atenção das autoridades, que podem aceitar as sugestões. O suporte pode ser dado pelas instituições de classe, interessadas na melhoria de cursos que formam os profissionais a ela ligados.

PARA SABER MAIS! Observe os seguintes documentos e estude-os, para que possa ter uma visão detalhada sobre as questões de recursos materiais na instituição de ensino:

a) Referente a orientações para preenchimento do PEI.

Disponível em: <www.ufpe.br/proplan/images/Planejamento_Estrategico_Institucional-UFPE.pdf>. Acesso em: 27 jan. 2016.

b) Referente a orientações para PPI.

Disponível em: <www.utfpr.edu.br/a-instituicao/documentos-institucionais/projeto-politico-pedagogico-institucional-1/projeto-politico-pedagogico-institucional/view>. Acesso em: 27 jan. 2016.

c) Referente a orientações para preenchimento do PDI.

Disponível em: <www.ifam.edu.br/portal/images/file/0000058264-Nota%201%20-%20Orienta%C3%A7%C3%B5es%20para%20elabora%C3%A7%C3%A3o%20do%20PDI.pdf>. Acesso em: 27 jan. 2016.

d) Referente a orientações para preenchimento do PPC.

Disponível em: <http://porteiras.r.unipampa.edu.br/portais/proplan/files/2012/06/Orienta%C3%A7%C3%B5es-Reconhecimento-de-Cursos-de-Gradua%C3%A7%C3%A3o-2012.pdf>. Acesso em: 27 jan. 2016.

Esses documentos foram resultado de pesquisa de orientações que algumas IES colocam à disposição do mercado, sobre como desenvolveram seus projetos internos. Se desejar, o aluno poderá obter materiais diretamente dos sites dos órgãos educacionais, que podem estar menos detalhados.

Glossário – Unidade 2

Aprender a aprender – proposta para que o aluno conheça a forma como ele aprende, de modo a direcionar seus esforços na aquisição de conhecimentos mais produtivos para ele.

Aprendizagem baseada em problemas – proposta de uso de um problema para disseminação do conteúdo, efetivação da teoria na prática e desenvolvimento da aprendizagem significativa.

Atitudes proativas – aquelas que buscam melhorias em situações previstas e possíveis, antes que elas aconteçam.

Coach – professor em processo de treinamento ou ensino individual.

Coachee – aluno em processo de treinamento ou ensino individual.

***Coaching* educacional** – processo em que um profissional acompanha outro, com o propósito de auxiliá-lo em seus objetivos.

Contenção fiscal – processo político-financeiro que corta recursos necessários para os setores importantes da sociedade, tal qual a educação, resultante da má administração de recursos públicos.

Democratização do acesso – desenvolvimento de processos que facilitam o ingresso de pessoa sem condições financeiras, ou qualquer pessoa, no processo de ensino e aprendizagem.

Enem – sigla para Exame Nacional do Ensino Médio, tido como porta de entrada para programas de acesso à educação em instituições privadas (com bolsas parciais ou totais) e públicas (via Sisu).

MOOCs – acrônimo em inglês de *Massive Open Online Courses*, cursos de nível superior gratuitos e massivos que começaram a ser introduzidos no mercado em 2011 por universidades de primeira linha.

Pronatec – sigla para Programa Nacional de Acesso ao Ensino Técnico e Emprego, que tem como objetivo a formação de mão de obra técnica em escolas e universidades que a oferecem de forma gratuita.

Sisu – sigla para Sistema de Ingresso ao Ensino Superior, que encaminha para faculdades e universidades públicas as pessoas que tiveram bom aproveitamento no Enem.

UNIDADE 3

DIFERENTES FORMAS DE ENSINO COMO PLANOS DE ORGANIZAÇÃO E PROCESSOS DE INTERAÇÃO

1. Introdução

Os órgãos reguladores da Educação em nosso país estabeleceram **diretrizes curriculares** em praticamente todos os processos educacionais que eles reconhecem e cujo funcionamento autorizam.

Alguns educadores consideram as diretrizes um engessamento. Outros, menos radicais, as consideram como balizadores, que não devem ser estabelecidas e implantadas caso seja observada alguma inadequação com relação ao contexto e às características dos alunos. No Ensino Superior, a flexibilidade e a proposta de novas metodologias podem levar em consideração essas orientações iniciais, sempre atentando para a adequação das atividades a ambientes centrados no aluno e a formas de oferta, que sugerem comportamentos e atitudes diferenciados.

A **educação aberta**, os MOOCS e os cursos livres são cada vez mais aceitos no mercado de trabalho, com a dispensa da certificação, trocada por certificados de participação, que acabam sendo tão reconhecidos quanto os diplomas e certificados de conclusão oficiais.

O tema deste módulo envolve a formatação do conteúdo com orientações sobre a montagem de planos de curso, definidos e determinados a partir dos projetos instrucionais, em vez do apoio em documentos simplificados. Na sequência, é necessário o conhecimento do processo de interação e de novas formas de desenvolvimento das atividades de ensino e aprendizagem nos ambientes virtuais.

2. A forma de ensino como plano de organização

O plano de curso (ou plano de ensino), ou outra denominação diferenciada, mas que nomeia o documento como plano de organização do curso, tem duas fontes básicas. Em primeira instância, o PPC (Projeto Pedagógico de Curso), que enxerga o curso de forma **interdisciplinar**. Em segunda instância, o projeto instrucional, voltado para uma disciplina específica.

Apesar da sugestão de mudança, a finalidade deste documento é a mesma. O projeto expressa os direcionadores que determinam como será a ação educativa, fundamentada no PPI (Projeto Pedagógico Institucional), válido para os outros projetos que dele derivam.

É necessário que o plano de curso esteja sintonizado com a proposta de efetivação da teoria na prática, ofereça conteúdo relevante e permita diferentes atividades, dentre as quais a aprendizagem baseada em problemas. Além disso, deve possibilitar ao aluno uma aprendizagem com elevado grau de significância e diretamente relacionada ao seu campo profissional.

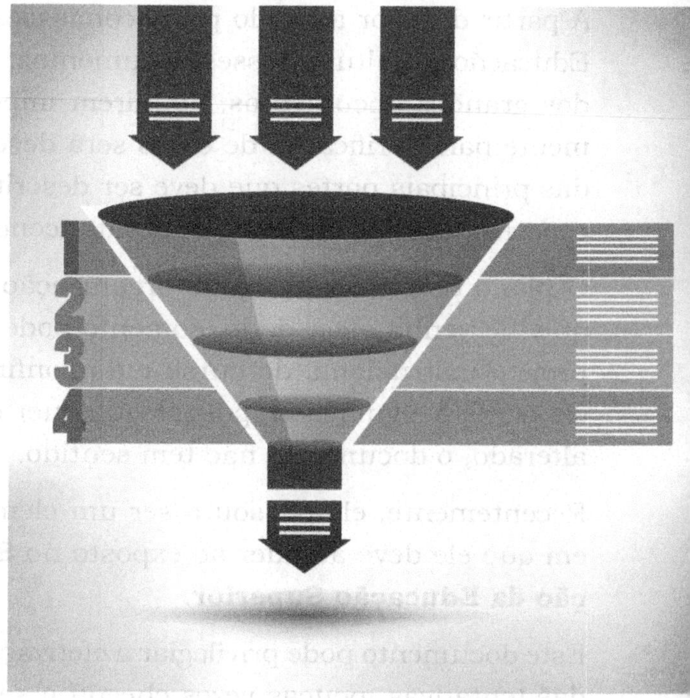

Esse documento é muito mais complexo para ambientes virtuais, quando comparado com a meia folha que descreve os procedimentos desenvolvidos pelos alunos dos ambientes tradicionais. Aqui, é exigido um grande volume de **metadados**, que visam esclarecer como cada atividade será desenvolvida, as alternativas para que elas possam ser adaptadas ao **nível cognitivo** de cada aluno e às suas características particulares de aprender.

O gerenciamento de tempo e organização dos estudos do aluno podem estar detalhados em um pequeno manual, normalmente colocado no portal educacional, local reservado para os cursos oferecidos pela instituição. Ainda que possa ser redundante, é recomendável que ele seja particular para cada disciplina, se assim for considerado necessário para o tratamento individual dos diversos **eixos temáticos** que costumam compor uma unidade didática.

A sua construção deve ser coerente com os outros documentos utilizados. Como visto, os dois primeiros documentos ascendentes são o projeto instrucional e o PPI, mas ele deve atender a todos os outros documentos com os quais está relacionado. Eles formam uma estrutura hierárquica. Abaixo do plano de curso estão os documentos que se referenciam a metadados sobre as atividades a serem desenvolvidas.

O desenvolvimento do plano de curso, antes entregue ao professor, agora parte da conclusão do projeto instrucional, sendo enviado por seus projetistas para as coordenações de curso e professores, que o validam, alteram e devolvem para alterações ou implantação.

A interveniência dos ambientes semipresenciais ou não presenciais adiciona complexidade ao documento, antes tão simples em sua apresentação e nada sugestivo em relação a como as atividades "poderiam ser efetuadas", detalhando, também, quando possível, os níveis de flexibilidade que podem ser aplicados. Não há um modelo a sugerir, tal como é possível fazer com diretrizes curriculares, pois a flexibilidade é a principal proposta, o que nas matrizes curriculares não se consegue fazer, já que em alguns casos elas são consideradas "imexíveis", ainda que com isso a qualidade do curso e o acompanhamento ao que o mercado pede possa ser perdido.

A partir do rigor adotado pelas comissões de verificação do MEC (Ministério da Educação e Cultura), esses documentos, que antes não faziam parte integrante dos grandes documentos, adquirem importância e são consultados, principalmente para verificação de como será desenvolvida a mediação tecnológica, uma das principais partes que deve ser descrita em detalhes. É preciso informar aos especialistas não somente o aparato tecnológico, mas como ele será utilizado.

O plano de curso, plano de organização de estudos, ou qualquer outro nome que lhe venha a ser dado, somente pode ser desenvolvido após a conclusão do projeto instrucional do curso e da confirmação do PPI atualizado, sem o qual ele perde o significado, pois se qualquer em um desses documentos básicos for alterado, o documento não tem sentido.

Recentemente, ele passou a ser um elemento de avaliação interna, e há casos em que ele deve atender ao exposto no **Sinaes – Sistema Nacional de Avaliação da Educação Superior**.

Este documento pode privilegiar a efetivação da interdisciplinaridade, que, apesar das tentativas, poucas vezes chegou a ser realmente efetivada no ambiente das IES. Alguns fatores que impedem o desenvolvimento do documento são a vaidade acadêmica e uma série de problemas de relacionamento entre professores de diferentes disciplinas, pois cada um considera a sua prioridade.

Volta-se a insistir que, nos ambientes presenciais, esse documento pode ser até prescindido, devido à presença dos professores junto aos alunos, mas é importante destacar que nos ambientes semipresenciais ou não presenciais a sua ausência é uma lacuna importante.

Há apenas uma recomendação didática e pedagógica em sua construção: como será a efetivação da teoria na prática, o que deve levar em conta que o principal aspecto de importância é o estabelecimento de ambientes que permitam ao aluno desenvolver a atividade da **aprendizagem independente** e possa direcionar a sua prática com a utilização do pensamento criativo.

Em seu conteúdo, ele deve abranger a descrição das atividades efetivadas de forma presencial, as efetivadas na forma de estudo independente e as executadas de forma cooperativa e colaborativa nas atividades desenvolvidas em grupo, que devem também estar detalhadas.

Um plano de curso, plano de ensino ou plano de organização de curso deve:

- Permitir o processo de construção do saber tendo como ponto de partida a reflexão sobre o que o mercado exige do profissional, de forma a direcionar corretamente as práticas oferecidas;
- Preocupar-se com a constante **interação** com a realidade social subjacente;

- Aproveitar de forma positiva a **diversidade** de experiências vividas pelos alunos.

Ao finalizar, é importante lembrar que a avaliação, seja ela diagnóstica, formativa ou somativa, deve estar descrita em detalhes no que diz respeito à forma de efetivação e aplicação de conceitos em lugar de notas.

PARA SABER MAIS! O material de estudo complementar que vamos indicar não representa a sua adoção como modelo de preenchimento de curso. Sua apresentação tem o objetivo único de permitir que você observe o seu conteúdo e tenha uma ideia de como poderá desenvolver o seu próprio plano de curso. É importante ressaltar que não há um modelo proposto pelos órgãos reguladores, mas apenas indicações sobre qual deve ser seu conteúdo. Documento: Plano de Ensino – orientação para elaboração de um plano de ensino. *Autor: Não indicado. Instituição: Instituto Farroupilha. Disponível em: <www.iffarroupilha.edu.br/site/midias/arquivos/201312010588203orientacoes_para_elaboracao_do_plano_do_ensino.doc>. Acesso em: 27 jan. 2016.*

3. O processo de interação escolar

Há três tipos de interação que ocorrem nas IES. São eles:

- Interação entre a IES, o governo e a empresa;
- Interação entre a IES e seus professores e alunos;
- Interação entre professores e alunos das IES.

Interação IES × Governo × Empresa

A necessidade de integração entre a IES, governo e empresa tem como ponto de partida a possibilidade de **sinergia** que ela pode trazer para o processo de ensino e aprendizagem e, assim, formar alunos egressos que estejam em sintonia com o que o mercado corporativo quer, sem que isto represente atrelamento da IES à vontade do patrão.

As instituições de ensino são as principais articuladoras da sociedade em direção ao objetivo de proporcionar a disseminação do conhecimento no tecido social. Isso faz parte da sua missão e pode ser feito pelo desenvolvimento de atividades de extensão.

Um estudo nesta área se apoia nos seguintes pontos:

- Reconhecer e divulgar as ações das IES como elemento impulsionador do desenvolvimento do local onde está instalada;
- Reconhecer a importância que tem as atividades de extensão e pós-graduação, desde que desenvolvidas de acordo com os interesses locais;
- Necessidade da IES de efetivar a autoridade e responsabilidade social.

Se atuar de forma isolada, como acontece em muitos casos na atualidade, a IES poderá até obter resultados, mas de acordo com uma ótica particular que pode não ser a do mercado ou aquela que atenda às necessidades locais.

Quando espera a ajuda do setor público, as federais, estaduais e municipais ganham privilégio sobre a IES particular, que enfrenta as mesmas dificuldades, ou ainda maiores, que as instituições gerenciadas pelo poder público.

Quando elas se dirigem isoladamente ao setor particular em busca de convênios, financiamentos e outros benefícios para que empresas possam colaborar com o bem-estar da comunidade local, elas poderão trabalhar em uma **perspectiva elitista**, favorecendo apenas aqueles que têm condições de pagar pelo estudo.

Quando ocorre a união desse três grupos (IES, governo e empresa), os incentivos governamentais podem sugerir uma atuação diferenciada da empresa ou da instituição. O que acontece é uma sinergia observada em alguns casos, em iniciativas tomadas na USP (Universidade de São Paulo), instituição mantida pelo Estado de São Paulo.

As instituições particulares começam a ser beneficiadas com programas governamentais como o Fies, Prouni e iniciativas que permitem um aceleramento no processo de abertura de novas universidades. Muitas delas, no entanto, não apresentam condições ideais, o que seria de se esperar.

A vivência do que está sendo chamado de segunda revolução acadêmica, com a disseminação das IES associadas às necessidades de desenvolvimento econômico regional e local, começa a tomar corpo. A educação a distância permite que instituições que antes atuavam em um único local conheçam necessidades regionais em locais onde nunca iriam captar e fidelizar alunos, instalando pequenas faculdades, ou uma rede extensa de polos que leva o nome da instituição em nível nacional.

Por exemplo, com a descoberta do pré-sal, surgiu a necessidade de formar pessoas que residissem longe das plataformas ou usinas que seriam criadas. Isso também gerou um comércio local, que pode exigir formação diferente da tradicional. A formação em serviço, que inclusive utiliza instalações da própria empresa, começa então a evoluir de forma favorável.

Os órgãos reguladores parecem estar diminuindo algumas exigências antes colocadas, embora essas situações ainda precisem ser consideradas casos particulares estudados de forma individual.

Assim, a interação universidade-indústria-governo passa a ser vista sob um novo ângulo, e a academia poderá abandonar seus preconceitos relacionados ao mercado corporativo, ao passo que este também deve abandonar os preconceitos que possa ter em relação à academia.

É nos países em desenvolvimento, que estão aos poucos migrando de forma cada vez mais acelerada em direção a uma educação universalizada, que esta situação se revela como mais compensadora para os envolvidos. A universidade entra com o conhecimento, a empresa com a aplicação prática e o governo com a diminuição das dificuldades para aberturas de novas IES e oferecimento de financiamento, que cabe dentro de seus planos de expansão da educação no país.

A partir daí, é possível iniciar uma proposta de desenvolvimento nunca antes tentada, mais por vaidades pessoais do que por motivos de insucesso. A área acadêmica não parece ser fonte de prejuízo para as instituições particulares. As federais, estatais e municipais ficam ao sabor da maré da vontade de congressistas e governantes, mas, ainda assim, essa combinação pode funcionar.

Em primeiro lugar, é preciso que se divulgue, e que o mercado local acredite, que as IES são um elemento imprescindível para que haja um crescimento regional, já que a posse da informação e criação de novos conhecimentos representa o capital intelectual, que na atualidade é o de maior valor. Se elas forem vistas dessa forma e captarem a credibilidade da sociedade local, podem atuar como elementos propulsores de desenvolvimento regional.

Há uma linha com as mesmas pretensões, mas que anda por um caminho paralelo, que nunca se cruza. O crescimento é considerado um indicador de democracia e justiça social, mais importante que índices econômicos, já que estes podem ser mascarados e não representar a realidade dos fatos.

É difícil evitar que uma nova IES venha a oferecer o mesmo projeto de cursos já ofertado por um grande número de IES em raios não superiores à cem quilômetros. É preciso inovação, interação com as vocações e culturas regionais, com a repartição do saber e tecnologia, com as cidades de menor porte que podem, assim mesmo, se tornar polos de concentração de renda em pontos específicos.

Labid (2011), um dos incentivadores da ideia, ressalta que o papel das IES é proporcionar a convivência da sociedade local com um ambiente de conhecimento, considerando, assim, que a IES deveria ser o local indicado para a construção de identidade regional, preservando a cultura local. Na mesma linha de pensamento, Ghobril et al. (2000) desenvolvem diversos estudos que desembocam no mesmo estuário, o da regionalização da IES.

Para a sorte de muitos, a cooperação universidade-empresa-governo é tida por grande parte dos estudiosos como um dos poucos, senão o único, instrumento para levar adiante e fazer crescer o desenvolvimento tecnológico e a difusão de inovações, sobretudo para as pequenas e médias empresas regionais.

Uma das universidades mais citadas quando este é o assunto de discussão, a Unicamp (Universidade de Campinas), aparece como um modelo. Foi a necessidade que originou a fundação da IES e não a fundação da IES que originou o desenvolvimento local. Hoje ela é tida como uma das poucas ilhas de excelência no sistema de ensino brasileiro.

O vínculo da Unicamp com o mercado corporativo local é um exemplo para estudos, pois é produtivo em níveis não conseguidos por outras IES. Em paralelo com esta instituição foi criado um elo com a empresa Inova Unicamp, que tem colocado como missão estreitar o relacionamento da IES com o empresariado local e gerar soluções para o setor produtivo. Há o gerenciamento da propriedade intelectual e grande movimentação na transferência da tecnologia entre o mercado e a IES. Tudo isso acontece com a aprovação do governo, que parece uma eminência parda, e não aparece para o grande público.

Este estudo apresenta e enfatiza a importância da criação de ambientes propícios para o desenvolvimento. É importante observar a diferença que a presença da IES provoca na região, quando o tripé IES-governo-empresa está implantado e funcionando da forma mais correta possível.

O desenvolvimento sustentável da região parece impressionar as cidades vizinhas, e as próprias IES das capitais enviam algumas vezes seus professores para que eles observem e permitam o conhecimento que possa ser levado para as cidades grandes.

Assim, fica atendido o pedido da Unesco, que enxerga na regionalização da IES e na efetivação do tripé IES-empresa-governo grandes possibilidades de sucesso, e no investimento maciço em educação o caminho do desenvolvimento.

Quanto maior o nível de escolarização de uma dessas pequenas cidades do interior, mais ela se mostra capaz de impressionar os grandes mercados com soluções inovadoras e desenvolver um elevado nível de empreendedorismo.

Quando a IES se dispõe a atender aquilo que o mercado deseja, ela não somente se põe no caminho acertado para atingir o sucesso, como também alavanca o comércio regional e destaca sua economia em nível nacional.

A interação com a comunidade fica efetivada por meio do tripé, como consequência da IES enxergar a importância de seu papel transformador de realidades indesejáveis. Quando a IES deseja esta mudança, tomando o caminho da transmissão e geração de novos conhecimentos, ela está falando com a comunidade subjacente.

A questão de energias limpas, da necessidade de preservação da água e da geração de combustíveis alternativos e que preservem o meio ambiente mostra a ponta de um *iceberg* e o erro da instituição, que vai para uma pequena cidade do interior abrir um curso de Administração de Empresas. Ela perde a oportunidade de se tornar elemento inovador e criador de conhecimento em nível regional.

PARA SABER MAIS! Sugestão de leitura: Oitavo Simpósio de Excelência em gestão e tecnologia. Autores: Benito Medeiros Nunes; Vânia Santos da Cunha Camboim; Fernanda Cristina Barbosa Pereira Queiroz; Jamerson Viegas Queiroz; Hélio Roberto Hekis. Local: Universidade Federal do Rio Grande do Norte. Disponível em: <www.aedb.br/seget/arquivos/artigos11/29314395.pdf>. Acesso em: 28 jan. 2016.

Interação entre a IES e seus professores e alunos

Neste ponto, não é grande o número de questionamentos. Ele não influencia de forma a se tomarem medidas, a menos em situações em que grande número de reclamações no ambiente aconteça.

Com relação ao aluno, ele apenas exige da IES que controle sua vida acadêmica e lhe ofereça um processo de formação que permita enfrentar o mercado de trabalho com elevado nível de competitividade. Avaliações vocacionais e cursos de nivelamento completam o quadro de um bom relacionamento.

Com relação aos professores, eles apenas exigem da IES o respeito pela profissão, sendo este respeito formado por boa remuneração, elevado grau de **autonomia** em relação ao currículo proposto e escolha das formas de desenvolver o processo de ensino e aprendizagem. Tomadas essas providências, não são reportadas complicações quanto ao relacionamento entre IES e seus professores.

PARA SABER MAIS! Neste capítulo, mais especificamente, interessa o relacionamento entre o professor e a instituição, razão pela qual indicamos como recurso para aprofundamento o texto de referência. Instituição: Revista multidisciplinar da Uniesp. *Artigo: O aluno, a escola, o professor: relações do aprender. Autor: Janaina Oliveira-Silva. Disponível em: www.uniesp.edu.br/revista/revista6/pdf/4.pdf>. Acesso em: 28 jan. 2016.*

Interação entre professores e alunos

Aqui, reside o calcanhar de Aquiles da IES. De nada adianta a evolução tecnológica e o correto funcionamento da estrutura administrativa se não há o principal: a motivação dos dois principais agentes em qualquer processo de ensino e aprendizagem.

Tudo parte, em termos funcionais, da atuação do gestor educacional como o principal motivador para que aconteça um trabalho produtivo das equipes montadas e envolvidas em processos de ensino e aprendizagem.

Nada acontece sem a sua influência, e ela pode ser tanto positiva quanto negativa. Ainda assim, há casos em que, mesmo quando ela é positiva, o relacionamento aluno × professor não decola. É muito raro observar a situação inversa.

Assim, tudo começa na gestão participativa no interior da instituição, na autonomia do professor e no investimento em sua **formação permanente e continuada**. Seu estilo de atuação deve ser aberto, como mediador e ouvinte atento das propostas, compartilhando suas ideias, e como elemento flexível às contribuições dos demais. A partir daí, o lado da balança referente ao professor está posto em condições ideais.

Há ainda outro lado da balança, e aqui as coisas não acontecem como desejado. É muito difícil que uma instituição de Ensino Superior "ouça" o que o aluno tem a dizer. Algumas tentam seduzir o aluno com programas de vantagens, assistência vocacional, condições de pagamento diferenciadas e outras formas de deixar o aluno mais tranquilo para o desenvolvimento de sua atividade de ensino e aprendizagem.

Desse ponto em diante, o sucesso da atividade de ensino e aprendizagem, ainda que dependente de todos os fatores anteriormente assinalados como de importância, falha se não houver um bom relacionamento aluno × professor.

A pergunta invariavelmente é: como fazer com que o diálogo seja profícuo? Existem algumas orientações que o docente pode adotar, e todas partem de entrevistas com alunos e alunas de cursos de Pedagogia. Os resultados de questionários e enquetes de fácil preenchimento e tempo mínimo de comprometimento do aluno apontam para o perfil do docente, que na visão do aluno:

- É melhor visto se adota um **perfil humanista**;
- Ganha mais respeito aquele que trabalha em ambiente centrado no aluno, dando voz ativa;
- Consegue mais facilidade de trânsito aquele que desenvolve papel de facilitador;
- É melhor aceito quando não desenvolve relacionamento de poder com o aluno, ainda que sua posição hierárquica na escala assim o permita;
- Apresenta mais sucesso nos trabalhos com grupos aquele com conhecimento das técnicas de gestão de conflitos, utilizando-se da **inteligência emocional** nos relacionamentos;
- É mais procurado no ambiente virtual aquele que se envolve diretamente com o problema do aluno, relacionado com sua vida profissional, e procura atuar de fora, afastado, permitindo ao aluno escolher conteúdos e forma de avaliação, como previsto nos ambientes centrados no aluno.

Professores que se encaixam nessas características são mais capazes de compreender e estudar com maior profundidade como deve ser o relacionamento professor e aluno, de maneira a adquirir prática em superar obstáculos que se apresentam aos alunos e que dificultam o desenvolvimento da maneira mais correta do processo de ensino e aprendizagem.

Abreu e Masetto (1990) se posicionam de maneira interessante quando orientam o docente a fazer a si mesmo e buscar a resposta para a pergunta: "Como posso tornar o relacionamento com os alunos sob minha responsabilidade mais eficaz?". Ao conseguir responder a essa pergunta, o professor pode se considerar apto a manter um bom processo de interação aluno × professor nas salas de aula presenciais ou eletrônicas, na sociedade contemporânea.

Do lado do aluno, o que precisa ser destacado? Muitos alunos reclamam de um ponto convergente: a falta de atenção às suas necessidades. Alguns reclamam que parte das leituras é indicada em obras em inglês e, em contraposição, não oferecem um curso sem custo para os alunos. Outros reclamam do ambiente virtual de aprendizagem, que é escolhido pela instituição, que oferece curso de nivelamento. O aluno não é submetido a um processo de nivelamento cognitivo em Matemática e Português, disciplinas fundamentais, nas quais a maioria dos alunos apresenta graves deficiências em sua formação.

A grosseria dos orientadores, a demora no tempo de resposta, o inexplicável sumiço por dois ou mais dias, a falta de especialização do tutor da área de conhecimento do curso, enfim, uma série de aspectos negativos começa a se formar, e a eles é dada pouca importância.

Quando o aluno é ouvido, entra em jogo a questão da comunicação social, do desenvolvimento da **conversação didaticamente guiada**, em que o aluno, em resposta, passa a se sentir parte integrante de algo.

Esses assuntos são discutidos há muito tempo na comunidade acadêmica. A única conclusão possível é que, nos locais onde não há bom relacionamento entre esses atores do processo de ensino e aprendizagem, tudo se restringe à má-vontade política e resistência às mudanças.

PARA SABER MAIS! O relacionamento aluno × professor sempre foi um ponto de discussão. Por essa razão, é preciso que você amplie seu conhecimento nessa área, com a leitura do texto indicado e das referências que ele faz a outras fontes externas. Instituição: Faculdade do Guarujá. Revista da educação. *Artigo: Didática na relação professor × aluno – tendências e atitudes. Autor: Viviane Lima Martins. Disponível em: <www.faculdadedoguaruja.edu.br/revista/downloads/edicao82014/artigo10-didatica-na-relacao-professor-aluno.pdf>. Acesso em: 28 jan. 2016.*

4. O trabalho em ambientes virtuais

Se você olhar para os **portais educacionais**, onde são oferecidos os cursos das instituições de ensino, poderá observar uma convergência. Em praticamente todas elas, inclusive as que não oferecem a educação semipresencial e não presencial, a vida acadêmica do aluno pode ser acompanhada por um conjunto de programas. Esses sistemas, denominados de forma genérica **AVA – Ambientes Virtuais de Aprendizagem**, organizam no ambiente virtual as recomendações, os metadados e o acompanhamento das atividades formatadas em um projeto instrucional de curso. Essa é outra ferramenta que se tornou indispensável no ambiente, de modo a facilitar a efetivação da teoria na prática.

A isso somam-se novas metodologias. O **conectivismo** se impõe como teoria de aprendizagem mais indicada para uma nova geração digital. O uso da aprendizagem baseada em problemas surge como forma de facilitar a **aprendizagem autônoma** dos alunos, desenvolvida de forma colaborativa em grupos. A proposta de inversão do ambiente da sala de aula, uso de jogos, processos de gamificação, inteligência artificial e outras inovações em curso ou já previstas, proporciona ao ambiente de ensino e aprendizagem uma nova feição que, em contrapartida, exige novos comportamentos das pessoas que desenvolvem seu processo de formação ou complemento de informação nesses ambientes.

Esses ambientes oferecem não somente a utilização das tecnologias como forma de disponibilizar conteúdo didático, mas permitem o acompanhamento do aluno, com a implantação de infraestrutura tecnológica moderna que dá destaque às comunicações síncronas e assíncronas desenvolvidas pelos agentes educacionais envolvidos. O processo de gestão acadêmica está inserido em seu corpo de facilidades oferecidas. Antes somente utilizados em cursos ofertados de forma semipresencial ou não presencial, hoje eles abarcam todos os tipos de oferta, inclusive aquelas ainda desenvolvidas em ambientes de ensino tradicionais.

A diminuição do **fator resistência**, tanto por parte dos professores quanto por parte de alguns alunos, avessos à utilização da tecnologia, se torna evidente, e os participantes, como regra geral com suas exceções, estão mais receptivos ao uso da mediação tecnológica proposta por essa estrutura.

As novas metodologias de ensino e aprendizagem têm como proposta, que algumas iniciativas conseguem atingir, mas ainda não todas, tornar a atividade de ensino e aprendizagem mais agradável para professores e alunos. Há um propósito, obtido de forma indireta (com uso da aprendizagem baseada em problemas), de tornar a **aprendizagem mais significativa** ao aluno. É uma proposta que está apoiada na atualidade e relevância do conteúdo. Em paralelo, há mais orientação para a vida profissional de acordo com o que o mercado de trabalho exige. Assim, as avaliações dos cursos tende a aumentar, diminuindo um elevado fator evasão, que ainda é possível observar em algumas das iniciativas de oferta de cursos nessa área.

Fica colocada como necessidade a formação, tanto dos professores, como dos docentes, nas formas de utilização do gerenciador utilizado. Ele pode ser desenvolvido internamente ou obtido em plataformas de *software* livre (das quais o Moodle parece ser a mais utilizada).

É importante que todos saibam, antes que aprofundem o conhecimento das facilidades, o que um sistema genérico de gerenciamento de conteúdo e aprendizagem (LCMS – Learning and Content Management System) pode oferecer aos alunos e professores.

Ele pode ser utilizado em diferentes perspectivas:

- Em ambientes presenciais, como ferramenta de apoio e aproximação, com os professores efetivando sua presença social na vida do aluno;
- Em ambientes semipresenciais (*blended learning*), opção para a forma de educação das futuras gerações, com eliminação da **dicotomia** presencial × distância como coisas separadas;
- Em ambientes não presenciais, como plataforma de suporte a o desenvolvimento de disciplinas e até de cursos em sua integralidade.

Em todos os casos, o paradigma atual muda o destaque dado ao conteúdo e transmissão de conhecimentos e passa a uma nova perspectiva de acompanhamento ao aluno e desenvolvimento da aprendizagem autônoma.

As grandes (gigantescas em alguns casos) salas de aula, tem seus dias contados, pelo menos como a atividade é desenvolvida nos dias atuais. É possível que comunidades de aprendizagem de apoio sejam criadas e a atividade de *coaching* educacional venha a ser efetivada, com substituição, vantagens, proposta de um único tutor atender a 100 ou 200 alunos. Mas essa perspectiva ainda é uma proposta idealista que esbarra no retorno exigido do capital aplicado.

Alguns resultados apresentados na sequência foram obtidos em uma pequena enquete com apenas uma pergunta, preenchida por alunos de um curso de Pedagogia (com 6.500 alunos) de forma anônima, não caracterizado como pesquisa, mas apenas como levantamento do nível de satisfação dos alunos.

O que foi possível destacar das respostas está registrado na lista a seguir:

- Foram propostas aos alunos diversas definições de EaD, e solicitou-se que eles indicassem a que consideravam a mais apropriada. Foi escolhida a posição adotada pelo professor Moran (2008), que considera que a educação *on-line* pode ser melhor definida com a utilização de meios telemáticos, como internet, videoconferência e teleconferência, para disseminação de conteúdos, com preferência para o desenvolvimento do processo de comunicação extensiva, que enriqueça o relacionamento entre professores e alunos. No conjunto de definições, esta era uma das mais simples;
- Quando questionados sobre como avaliavam o uso da EaD, a perspectiva adotada como a mais correta foi a necessidade de complementar momentos presenciais. Eles foram considerados um adendo para que os alunos adquirissem conhecimentos significativos necessários para efetivar a sua prática profissional (aprendizagem significativa);

- Quando os alunos foram solicitados a indicar qual a maior vantagem apresentada por esses sistemas, em relação aos sistemas presenciais, o aspecto destacado foi a colaboração possível, entre todos os agentes educacionais envolvidos;
- Ao serem solicitados a assinalar a maior dificuldade, praticamente todos os alunos apontaram a necessidade da formação, que nesse curso era proporcionada por um tutorial denominado "Nivelamento no uso de sistemas de gerenciamento de conteúdo e aprendizagem".
- Foi solicitado aos alunos que informassem o comprometimento de tempo em comparação aos cursos presenciais que, porventura, tivessem feito. Pediu-se o percentual de aumento na carga horária destinada ao processo de ensino e aprendizagem. Foi apontado um aumento de 30% com relação ao que gastam no presencial.
- Em resposta ao questionamento sobre qual atividade era desenvolvida com maior frequência, novamente se obteve quase uma unanimidade, ao indicar as atividades de pesquisa, que correspondiam aos 30% do maior envolvimento, resposta obtida em enquete anterior;
- Em relação às modalidades de ensino utilizadas, aprendizagem baseada em problemas, *blended learning* e sala de aula invertida, as duas primeiras foram aprovadas com percentuais superiores a 90%. O pouco tempo de aplicação da sala de aula invertida (primeira turma) deu a esta modalidade um nível de aprovação menor (60%). Nesse questionamento, foi pedido que assinalassem a rejeição, que foi mínima em relação às três ideias pedagógicas utilizadas.

Do total de mais de 6.500 alunos matriculados no curso (com nem todas as matrículas realmente efetivadas e sem contar as desistências) foram obtidas 832 respostas, o que representa um bom universo de pesquisa, mas que, em contrapartida, revela baixa participação. Como ela foi feita sem obrigatoriedade e efetivada de forma anônima, nesse tipo de questionário espera-se retorno de aproximadamente 10%, número não estabelecido oficialmente em pesquisas, mas obtido na análise das respostas dadas a outras enquetes, neste e em outros cursos.

A perspectiva de prolongamento da sala de aula ainda é a forma de utilização vista por muitos professores como a aplicação mais utilizada. Da parte dos alunos, a perspectiva de desenvolvimento de interações e facilidade na obtenção de apoio são consideradas como as principais vantagens.

O uso de plataformas móveis, ainda em seu início com a criação de *sites* responsivos, é pouco utilizado, mas a possibilidade de que a captação de alunos venha a utilizar como *marketing* a oferta destes dispositivos, com todo o conteúdo de um curso em sua visão integral, foi colocada. Muitos alunos ainda não têm este hábito, apesar de, aos poucos, a leitura digital se incorporar na cultura discente. O ***m-learning*** (*mobile learning* ou aprendizagem móvel) começa a decolar no ambiente acadêmico.

A aprendizagem móvel ainda não é utilizada em sua totalidade, mas houve tentativas. A aprendizagem ubíqua, ampliação do desenvolvimento de mais de uma atividade ao mesmo tempo, passa a ter aceitação, mas as estruturas criadas ainda estão em estudo e são objeto de pesquisas acadêmicas.

O que se pode tirar como conclusão sobre o conhecimento que o docente deve ter destes elementos tecnológicos? Os resultados mostram que, aos poucos, os docentes diminuem e chegam a excluir qualquer resistência à utilização da mediação tecnológica. Grande parte desse resultado se deve ao fato de que uma nova geração, a geração digital, chega aos bancos das instituições de Ensino Superior e também à evolução da educação aberta e da aceitação do mercado a formações pontuais, diferenciadas, que capacitam o profissional a atender necessidades específicas apresentadas pelo mercado de trabalho.

Os alunos apresentam poucas dificuldades de adaptação às novas tecnologias. Mas há uma característica que precisa ser trabalhada pelos professores. A exigência de que existam soluções imediatas é um dos grandes problemas a superar. A qualquer dificuldade encontrada, o salto para alternativa é quase imediato. O que poderia parecer uma situação favorável, revela-se exatamente contrária e, com isso, possibilita-se a perda da capacidade de desenvolvimento do pensamento crítico.

Mas as mudanças em trânsito são muitas, e a projeção do que pode vir a acontecer fica limitada no tempo. Elas apenas podem ser válidas a curtíssimo prazo. O que se espera é a colaboração dos professores para reter o aluno e levá-lo à reflexão e a um processo de desenvolvimento criativo, com diferentes opções.

De forma geral, os ambientes virtuais de aprendizagem trazem benefícios aos professores da instituição, mas ainda é preciso procurar formas de melhorar o nível de participação.

O que se pode observar é que a obtenção de melhores resultados não depende da utilização da tecnologia. Nos ambientes mais bem avaliados, o que faz a diferença é o desempenho individual, tanto de professores quanto de alunos.

O professor foi desafiado pelo paradigma de se tornar "**professor independente**", que pode oferecer seu conhecimento às pessoas interessadas, com suas qualificações acadêmicas sendo reconhecidas. Além disso, ele tem a possibilidade de prescindir de uma certificação acadêmica, o que ainda é considerado avançado por alguns professores, mas que, possivelmente, acontecerá em um futuro próximo.

As comunidades de aprendizagem se destacam no meio como um dos paradigmas com mais possibilidades de tomar conta da próxima década. A educação aberta facilita em muito essa perspectiva.

PARA SABER MAIS! Os dois artigos indicados apontam para os paradigmas citados de forma passageira durante o desenvolvimento do texto. Para aqueles que desejam aprofundar o conhecimento sobre ambientes virtuais de aprendizagem, educação aberta e MOOCS, é importante a leitura e a continuidade nos links, *que esses materiais orientam. Instituição: Congresso Abed.*

Texto: Ambiente virtual de aprendizagem favorecendo o processo ensino-aprendizagem em disciplinas na modalidade de educação a distância no Ensino Superior.

Autores: Janae Gonçalves Martins e Bernadétte Beber Campestrini.

Disponível em: <www.abed.org.br/congresso2004/por/htm/072-TC-C2.htm>. Acesso em: 28 jan. 2016.

Instituição: IBD / UFMG

Texto: Tendências na Educação a Distância e Educação Aberta na Computação.

Autores: Itana M. S. Gimenes, Leonor Barroca e Valéria D. Feltrim.

Disponível em: <www.lbd.dcc.ufmg.br/colecoes/jai/2012/001.pdf>. Acesso em: 28 jan. 2016.

Glossário – Unidade 3

Aprendizagem autônoma – equivalente ao desenvolvimento de atividades de ensino e aprendizagem pelo aluno, sem contar com assistência e apoio externo.

Aprendizagem independente – aquela em que o estudante, com o apoio de tutoria da qual o aluno aos poucos independe, desenvolve as suas atividades de ensino e aprendizagem.

Aprendizagem significativa – voltada para preparar o aluno para o mercado corporativo, baseada em conteúdo relevante para o aluno e atividades próximas daquelas que ele irá desenvolver em sua prática profissional.

Autonomia – independência dada aos professores para mudar as "regras do jogo" – diretrizes curriculares e recomendações institucionais – de acordo com as características individuais de cada aluno.

AVA – sigla para ambientes virtuais de aprendizagem, localidades criadas por sistemas e conjuntos de programas em que as atividades de comunicação, trocas de arquivos e acadêmicas são desenvolvidas.

Conectivismo – teoria de aprendizagem em desenvolvimento dinâmico, ainda contestada em alguns ambientes, que considera da extensiva participação nas redes sociais que o aluno atinge um ponto evolutivo, em que aprende sozinho e de forma independente.

Conversação didaticamente guiada – processo estabelecido entre duas pessoas, em que a afetividade é um dos pontos de destaque, consistindo na interação frequente entre alunos e professores.

Dicotomia – corresponde à divisão de algo em duas partes, sendo apenas uma delas aceita.

Diretrizes curriculares – orientações provenientes de especialistas e bancadas dos órgãos reguladores da Educação como norma a ser seguida na construção de programas de curso e desenvolvimento de unidades didáticas específicas.

Diversidade – presença, em um mesmo ambiente, de pessoas provenientes de diferentes universos culturais.

Educação aberta – movimento educacional que tem como objetivo permitir o livre acesso do estudante às oportunidades de aprendizagem, sem exigência de comprovação de conhecimentos, pagamento de mensalidades e desenvolvida de acordo com as possibilidades de cada aluno.

Eixos temáticos – divisões equivalentes a bases tecnológicas que dão sustentação a um determinado grupo de conhecimentos.

Fator resistência – reação à perda de "zonas de conforto", provocada por inovações aplicadas a setores em que determinado profissional desenvolve suas atividades.

Formação permanente e continuada – processo que ocorre devido à elevada velocidade de evolução das tecnologias na sociedade da informação e comunicação, que faz com que os conhecimentos adquiridos na educação formal possam não atender a todos os requisitos de formação pessoal.

Inteligência emocional – linha psicológica que estabelece melhores práticas para que a gestão de conflitos em grupo seja solucionada de forma a obter novamente a harmonia no grupo.

Interação – processo de comunicação extensiva entre diferentes participantes em ambientes de aprendizagem, que podem, inclusive, ser ambientes presenciais.

Interdisciplinaridade – tratamento de temas que se estendem entre duas ou mais disciplinas, desenvolvidos de forma combinada entre os professores responsáveis pelas unidades didáticas envolvidas.

Metadados – dados sobre dados, que trazem informações sobre o desenvolvimento de tarefas ou utilização de conceitos.

M-learning – aprendizagem móvel surgida como evolução da aprendizagem eletrônica (*e-learning*) com a utilização de dispositivos móveis.

Nível cognitivo – corresponde aos conhecimentos demonstrados pelo aluno e sua capacidade de aquisição de novos conhecimentos.

Perfil humanista – aquele que privilegia de forma efetiva o processo de ensino e aprendizagem voltado para o bem-estar do aluno.

Perspectiva elitista – perspectiva que privilegia a pessoas com melhores condições cognitivas e maiores recursos financeiros e que, por essa razão, acabam tendo melhores condições de desenvolver atividades de ensino e aprendizagem.

Portais educacionais – pontos colocados na entrada das instituições de ensino para dilvulgar seus cursos e atividades de extensão, aproximando a IES da sociedade local.

Professor independente – profissional da educação que escolhe a forma como será desenvolvido o processo de ensino e aprendizagem para turmas de alunos com características comuns ou com alta diversidade.

Sinaes – sigla de Sistema Nacional de Avaliação da Educação Superior.

Sinergia – corresponde à ação associada de dois ou mais sistemas, pessoas ou ações cujo resultado proporciona aumento de eficácia no processo.

UNIDADE 4

IDENTIFICAÇÃO E ANÁLISE DE ESTRATÉGIAS DE ENSINO, DA NATUREZA DOS CONTEÚDOS E DAS FORMAS DE AVALIAÇÃO

1. Introdução

Você deve ter observado que, durante o desenvolvimento do conteúdo dos módulos anteriores, foi dado destaque ao conjunto de **paradigmas** e de conhecimentos que não são parte integrante da educação formal dos pedagogos. Orientações específicas sobre a **andragogia** também não fazem parte do currículo regular. A formação para a docência no Ensino Superior acaba sendo obtida em processos de formação permanente e continuada.

O professor é colocado frente à necessidade da adoção de diferentes comportamentos, que acabam sendo direcionados por estratégias que se revelam como parte das melhores práticas e que tem aplicabilidade em contextos específicos. O que funciona bem em determinado contexto pode não se mostrar operacional em outras situações.

Assim, é importante identificar a estratégia mais adequada, saber como aplicar a escolha efetuada e, principalmente, aplicar um processo diferenciado de avaliação do aluno, não de forma punitiva, mas mensurando a sua capacidade de retenção e uso das informações.

Esses temas serão tratados neste módulo e são adequados a uma participação mais ativa no fórum de discussões. Na definição de uma situação-problema, o aluno poderá mostrar o nível de conhecimento que adquiriu sobre o conteúdo do curso.

2. Identificação de estratégias de ensino

Quem determina as estratégias de ensino mais indicadas? Isso é feito, muitas vezes, com base no bom-senso ou em experiências anteriores dos docentes. Em ambos os casos, estamos frente a uma atividade de improvisação, que não está apoiada em um estudo mais detalhado e que permita que resultados qualitativos em educação sejam obtidos. Na atualidade, como consequência da utilização extensiva da mediação tecnológica – que já era utilizada, mas não no nível e com o detalhamento atual – os projetos instrucionais passam a ser o ponto de partida para escolha de estratégias educacionais a serem adotadas.

Qual é a estratégia adotada? Existem alguns elementos que devem ser levantados e tornados disponíveis para o projetista instrucional e o professor responsável, sem o qual o projeto instrucional apresenta uma lacuna que pode comprometer os resultados.

Assim, é preciso identificar:

- as **características sociais** do público alvo;
- as **características cognitivas** do público-alvo;

- a identificação da **inteligência predominante** no perfil dos alunos (teoria das inteligências múltiplas);
- a maneira de aprender, se possível identificada em nível individual ou grupal em que a maioria dos participantes se encaixe;
- o ritmo de aprendizagem, se possível identificado em nível individual ou grupal, em que a maioria dos participantes se encaixe;
- os recursos tecnológicos disponíveis; e
- as restrições impostas ao projeto.

Com relação às características sociais do público-alvo, elas são levantadas quando os alunos se inscrevem, no processo de admissão ao curso.

Com relação ao nível cognitivo, ele também pode ser levantado durante o processo de inscrição, com um questionário construído com o apoio de psicopedagogos e psicólogos educacionais.

Para identificação da inteligência predominante, existem testes desenvolvidos por psicólogos educacionais que apresentam elevados percentuais de acerto, o que lhes dá a confiabilidade necessária para ser utilizados como balizador de atividades.

A descoberta da forma de aprender deve ocorrer em dois estágios. O primeiro levantado na etapa de inscrição, dá o direcionamento geral, mas com adaptações previstas, de forma a dar ao processo elevado nível de flexibilidade, que poderá determinar atendimento e avaliação de aproveitamento de forma diferenciada, de acordo com a forma de aprender do aluno o que é obtido durante o desenvolvimento do curso. O mesmo acontece com o levantamento do ritmo de aprendizagem.

Os recursos tecnológicos devem ser enxergados sob dois aspectos diferenciados. O primeiro diz respeito à divulgação das formas de utilização das ferramentas disponíveis e o segundo procura inferir que grau de acesso os alunos têm ao ferramental tecnológico nos pontos de acesso que ele utiliza.

As restrições podem ser didáticas e pedagógicas, referente às limitações na flexibilidade possível, tecnológicas ou resultantes de recomendações dos órgãos reguladores da Educação em nosso país.

Essas informações proporcionam à instituição de ensino extenso banco de dados, com sequências históricas, permitindo a recuperação seletiva e utilização da proposta das técnicas recomendadas para aplicar o raciocínio baseado em casos, valorizando, assim, a experiência da instituição, apoiada em erros e acertos anteriores.

Seguindo essa linha de raciocínio, alguns aspectos podem ser inferidos e, ainda que não tenham sido testados na prática, podem ser suficientemente confiáveis para que o projeto instrucional tenha a sua primeira versão estabelecida. O acompanhamento e a capacidade dinâmica de alterações durante a efetivação do curso permite não somente aumentar o volume de informações na grande base de dados que registra sucesso e insucesso para a avaliação anterior, mas alterar procedimentos e incluir diferentes formas de apresentação de atividades e efetivação do processo de avaliação.

O projeto instrucional, a partir das informações e forma de obtenção, anteriormente descritas, monta um quadro de referência. Esse quadro é discutido junto com o professor responsável. A partir daí, são disparadas atividades operacionais, tomadas imediatamente após o processo de projeto instrucional.

As **rotas de aprendizagem** são estabelecidas e submetidas ao crivo crítico da coordenação do curso, professores e tutores, se for possível o acesso a essas pessoas, unidas em uma equipe multidisciplinar.

Cada rota de aprendizagem irá utilizar um conjunto de mídias, preferencialmente todas as disponíveis. Uma mesma atividade poderá ser desenvolvida de acordo com as características dos alunos (primeiro nível de flexibilidade). Os *storyboards* são entregues para o corpo técnico de programação multimídia, para a criação das *interfaces* com os usuários, cujo requisito é ser responsivas e de elevado grau de **usabilidade**.

As atividades são explicadas (inserção de metadados) e o material, que pode estar sendo criado por um professor coletivo, colocado à disposição no ambiente virtual de aprendizagem. Se utilizar o conceito de **professor coletivo**, antes do início da unidade didática específica, o professor deve ter conhecimento do desenvolvimento de todo o processo de forma a poder sugerir atividades complementares ou mudanças que visam adequar os conteúdos à sua forma individual de ensinar.

Dessa forma, é necessário que o professor supere os limites superficiais da sala de aula tradicional e compreenda de forma mais completa os fatores que influenciam a aprendizagem do aluno. Se for possível, recomenda-se a utilização do ***coaching* educacional**, com atendimento personalizado. Uma das restrições impostas ao projeto instrucional pode ser a alegação de falta de recursos financeiros para bancar essa atividade, que adiciona custos ao processo.

A partir desse estudo e de seu maior ou menor nível de detalhamento aplicado na identificação de características particulares é que são estabelecidos os processos de negociação entre os alunos e professores, além do processo de comunicação entre esses agentes educacionais.

A utilização de um projeto instrucional busca antever o que vai acontecer durante o curso. O grau de acerto dá a medida da qualidade do projeto instrucional. Quanto mais ele for utilizado como foram desenvolvidos os estudos, maior a sua qualidade. Essa é a aplicação do conceito de usabilidade ao processo de ensino e aprendizagem.

A abordagem didática e pedagógica é, normalmente, tomada em nível de projeto de desenvolvimento institucional, e chega ao seu projetista já pronta. Ela pode ou não apresentar flexibilidade que permita uma escolha entre as abordagens:

- **assistencialista tradicional** (o aluno é considerado uma tábula rasa);
- **comportamentalista**;
- **humanista**;
- **cognitivista**; e
- **conectivista**.

Se a abordagem didática e pedagógica vier limitada, o projetista instrucional deve seguir o que a instituição utiliza. A situação ideal, no entanto, seria aquela que permite variação de acordo com as características tanto do processo que está sendo apresentado, como das características dos alunos.

Essa abordagem é sociocultural, no sentido que observa a forma como os alunos se comportam, frente às experiências que tiveram em sua vida pessoal e profissional, e é considerada a mais adequada. A compreensão dessa realidade pelo projetista instrucional e pelo professor responsável facilita o desenvolvimento do projeto instrucional de curso.

Assim, para que a estratégia mais indicada seja escolhida, o professor é fundamental, tanto no que diz respeito à adoção das mediações tecnológica, psicológica e didática, quanto na compreensão do aluno, com destaque para o relacionamento entre professor e aluno.

Considera-se estabelecida uma comunidade de aprendentes e ensinantes, em que a diferença está apenas no objetivo que cada um tem, e o relacionamento se torna pessoal, aberto, em um ambiente de empatia e afetividade, sem a qual a comunicação, se não impedida, torna-se mais difícil.

Seguindo essa linha de raciocínio, as estratégias educacionais são uma forma de despertar a atenção do aluno e manter a sua motivação constante durante o processo de ensino e aprendizagem. Existem diversas técnicas que podem ser utilizadas e, como já dito, elas dependem das restrições impostas e condições oferecidas pela infraestrutura que foi montada pela instituição.

As coisas se encadeiam de forma quase natural e, muitas vezes, a simplicidade das atitudes necessárias faz com que elas não sejam levadas em consideração. O ponto central, que deve ser destacado separadamente, é o retorno ao aluno. Se ele não acontece de maneira a deixá-lo satisfeito, as outras providências tomadas para manter o aluno motivado durante todo o processo podem ser colocadas a perder.

A compreensão da importância de um projeto instrucional deve estar presente. Em ambientes presenciais, os erros devidos à improvisação ainda podem ser superados. Quando professor e aluno são colocados em primeiro plano, a correção de eventuais erros pode ser facilmente atingida.

Nos ambientes semipresenciais ou não presenciais, o improviso pode trazer resultados, mas será obra do acaso. Via de regra, ele não apresenta funcionalidade e deve ser evitado.

O destaque dessas conclusões é resultado direto de avaliações de comportamento do professor, como especialista ou tutor, manifesto diretamente com intervenção dos alunos, o que dá a elas mais credibilidade e um caminho para que melhores resultados possam ser obtidos.

A responsabilidade compartilhada é um sentimento "novo", no sentido que seu reconhecimento é necessário. O aluno, ao se tornar o centro do processo de ensino e aprendizagem, assume parte da responsabilidade por sua formação, visto que ele escolhe os conteúdos, a forma e os melhores horários, ou seja, leva o ambiente a um grau de flexibilidade máxima. É importante destacar que o projeto instrucional deve levar em conta o fato que os ambientes de ensino e aprendizagem, desde que não haja restrição por parte da IES, são centrados no aluno.

PARA SABER MAIS! Nesta Unidade, citou-se a utilização de projetos instrucionais. A importância desse elemento justifica o aluno desenvolver um estudo complementar que lhe permita conhecimento mais profundo do tema, dentro da estrutura de formatação de cursos para ambientes enriquecidos com a tecnologia. Assim, indica-se a leitura do texto "O projeto instrucional em EaD", de autoria de Antonio Siemsen Munhoz e Roberto Bholen Seleme, disponível no site <www.abed.org.br/congresso2009/CD/trabalhos/1252009180458.pdf>. Acesso em: 28 jan. 2016.

3. Análise de estratégias de ensino

Que estratégias de ensino e aprendizagem são mais trabalhadas nos projetos instrucionais de cursos oferecidos em ambientes enriquecidos com a tecnologia, tanto em abordagem presencial como em abordagens semipresenciais ou não presenciais?

Existem pequenas estratégias que podem ser identificadas como "ideias pedagógicas". Elas não representam uma teoria de aprendizagem, com um corpo de

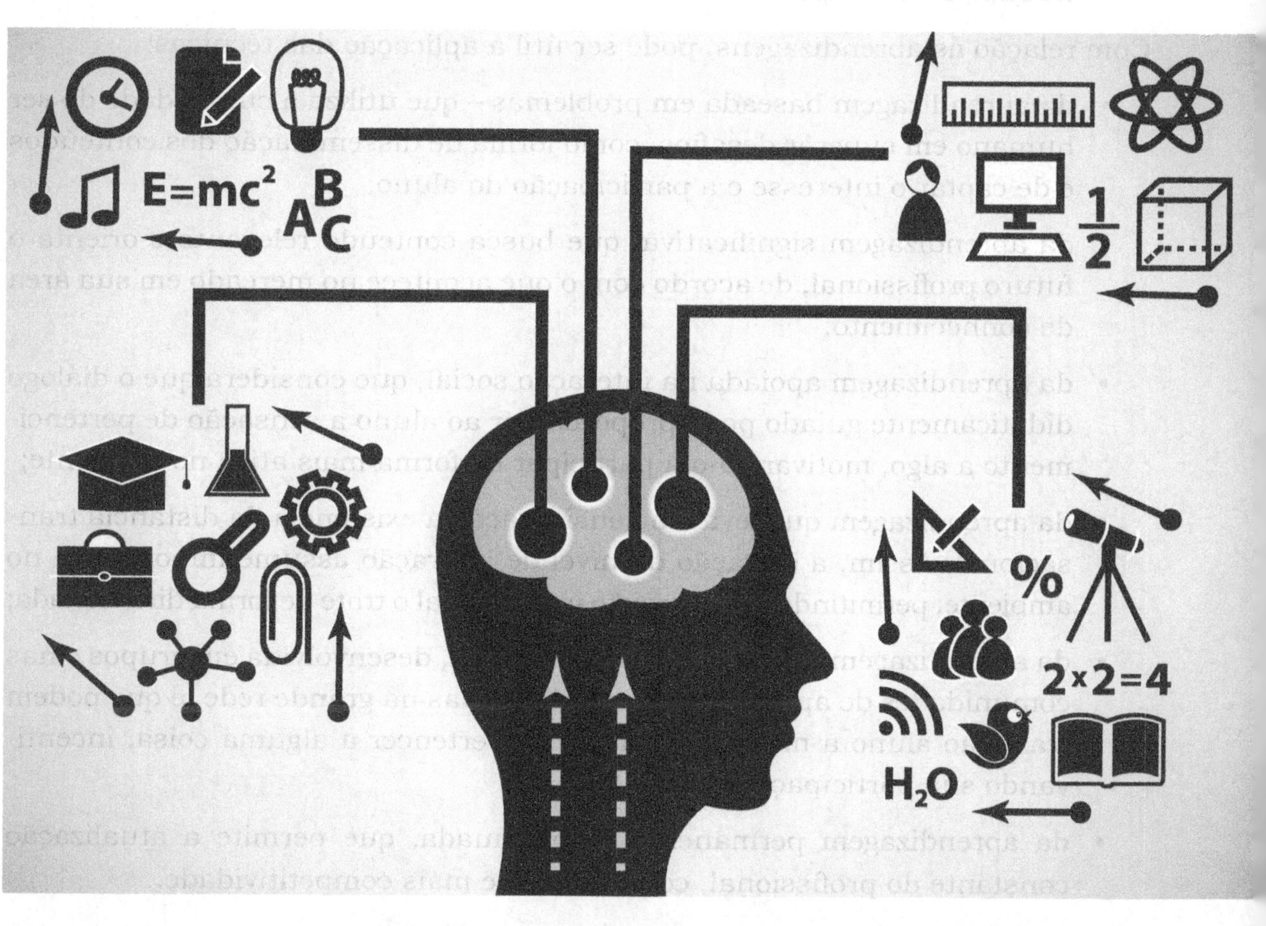

conhecimentos variado, mas orientações que representam "melhores práticas" de ensino e aprendizagem.

A teoria de aprendizagem escolhida é a considerada a mais adaptada às características de uma geração digital e que ainda está em desenvolvimento dinâmico, adaptável à velocidade da evolução tecnológica: o conectivismo.

As demais podem ser divididas entre aquelas que utilizam:

- as inteligências;
- as aprendizagens;
- as formas de aprender; e
- teorias da comunicação.

Com relação às inteligências, considera-se útil a aplicação:

- da teoria das inteligências múltiplas, que pode determinar a forma como as atividades podem ser definidas;
- da teoria da inteligência coletiva, que pode facilitar a criação de novos conhecimentos a partir dos processos de interação desenvolvidos no ambiente;
- da teoria da inteligência emocional, que permite a gestão de conflitos nos trabalhos em grupo.

Com relação às aprendizagens, pode ser útil a aplicação das técnicas:

- da aprendizagem baseada em problemas – que utiliza a curiosidade do ser humano em superar desafios, como forma de disseminação dos conteúdos e de captar o interesse e a participação do aluno;
- da aprendizagem significativa, que busca conteúdo relevante e orienta o futuro profissional, de acordo com o que acontece no mercado em sua área de conhecimento;
- da aprendizagem apoiada na interação social, que considera que o diálogo didaticamente guiado pode proporcionar ao aluno a sensação de pertencimento a algo, motivando-o a participar de forma mais ativa no ambiente;
- da aprendizagem que leva em consideração a existência da distância transacional. Assim, a elevação do nível de interação assume importância no ambiente, permitindo que o projeto instrucional o trate de forma diferenciada;
- da aprendizagem cooperativa e colaborativa, desenvolvida em grupos e nas comunidades de aprendizagem estabelecidas na grande rede, e que podem trazer ao aluno a mesma sensação de pertencer a alguma coisa, incentivando sua participação;
- da aprendizagem permanente e continuada, que permite a atualização constante do profissional, conferindo-lhe mais competitividade.

Com relação às formas de aprender, pode ser útil a aplicação das técnicas:

- de aprender pela pesquisa, despertando o senso crítico e a efetivação do pensamento criativo;
- de aprender a aprender, fazendo com que o aluno enxergue e utilize a forma como ele aprende em seu benefício, orientando a atividade de aprendizagem;
- de aprender pelo erro, que o aceita e não limita a criatividade por causa de medidas coercitivas impostas no desenvolvimento de atividades;
- de aprender fazendo, orientando o conhecimento criado para que tenha uma aplicação prática imediata, o que facilita sua retenção.

Com relação às teorias, pode ser útil à aplicação das técnicas:

- de efetivação da presença social na vida do aluno, fazendo com que o aluno se considere parte de algo, o que incentiva sua participação no ambiente;
- de conversação didaticamente orientada, que é uma forma de afetividade que acompanha o relacionamento entre o professor e o aluno, sendo considerada uma das mais eficientes para a motivação do aluno.

Observe que, em todos os pontos, destaca-se um elemento que deve ser estudado de forma mais completa: a influência da afetividade. Além disso, ela é cada vez mais discutida e inserida nos ambientes enriquecidos com a tecnologia. Ela interfere diretamente no domínio do desenvolvimento afetivo emocional, que se reflete de forma direta no domínio cognitivo e motor.

A exploração desse aspecto parte da comprovada necessidade que o ser humano tem de um tratamento afetivo. A sua utilização como medidora das práxis didática, pedagógica e tecnológica reflete, mais uma vez, o reconhecimento desta necessidade. Piaget (Apud La Taille, 1992) enfatizou esse aspecto, quando considerou que sem emoção não há educação.

Há linhas educacionais que trabalham essa perspectiva de forma extensiva. É preciso evitar que o professor seja visto como detentor universal do conhecimento, como alguém de maior valor. Os professores que compreendem o erro dessa abordagem são bem-sucedidos. Quanto maior o nível de afetividade entre professor e aluno, mais facilmente um clima favorável é estabelecido.

Essas recomendações levam em consideração que a inteligência humana somente se desenvolve no indivíduo como resultado de intensivas interações sociais. Elas são negligenciadas nos ambientes tradicionais de ensino e aprendizagem. Não é incomum o professor entrar na sala de aula, virar para o quadro ou para o projetor e ignorar os alunos, sem manter nenhum contato mais próximo com eles. Se nenhum aluno interromper, a aula é dada em silêncio. Há, inclusive, situações em que, quando há a tentativa de intervenção, ela é recusada.

Nessas condições, ou seja, sem afetividade, decai o relacionamento entre alunos e professores, o que não contribui para que o aluno se sinta motivado a desenvolver estudos na unidade didática pela qual o professor é responsável.

> *PARA SABER MAIS! O tema de destaque desta Unidade, que pode ser considerado o fio condutor que liga as ideias relacionadas, diz respeito à utilização de uma abordagem afetiva em educação. Assim, é importante que qualquer pessoa que venha a desenvolver seus trabalhos em iniciativas educacionais tenha conhecimento mais profundo sobre os fatores psicológicos influentes e que podem otimizar as atividades de ensino e aprendizagem. Ter uma visão abrangente sobre o que foi tratado como ideias pedagógicas é importante, e o texto "Sinopse da obra", sobre uma das obras relevantes sobre o assunto, pode abrir várias possibilidades. Assim, o aluno pode montar o seu referencial teórico que dá sustentação à utilização dessas ideias. O artigo "História das ideias pedagógicas no Brasil" é de autoria de Gilberto Luiz Alves, e foi publicado na* Revista Brasileira de Educação. *O documento está disponível em: <www.scielo.br/scielo.php?pid=S1413-24782008000100016&script=sci_arttext>. Acesso em: 28 jan. 2016.*

4. Natureza dos conteúdos escolares

Há diferentes formas de tratar a natureza de conteúdos escolares, assinalando que eles terão como destinação, neste material, alunos jovens e adultos, inscritos no Ensino Superior. A maneira tradicional ainda considera a importância e o destaque dado ao conteúdo. Na sociedade contemporânea, no entanto, há uma tendência que releva a importância da utilização de livros-textos, em favorecimento do atendimento ao aluno. Essa tendência advém da utilização extensiva da tecnologia e da oferta de disciplinas ou cursos inteiros, nas modalidades semipresencial e não presencial.

Nessa proposta, o professor desenvolve a atividade de "**professor orientador**", que aprende junto com o aluno, e que, em sua flexibilidade, permite que ele escolha os seus conteúdos, de acordo com a relevância na sua vida pessoal e profissional, a fim de que a aprendizagem significativa aconteça.

Ela parte do projeto instrucional e, com respeito às restrições institucionais ou tecnológicas, desenha rotas de aprendizagem, que orientam o aluno sobre locais, linhas de pesquisa e referenciais teóricos, que podem ou não ser conflitantes e submetidos ao senso crítico do aluno.

Essa proposta se apoia na metodologia considerada mais adequada para a geração que agora chega aos bancos escolares, trocando o ensino a distância pela terminologia aprendizagem a distância, em que as atividades desenvolvidas pelo aluno acabam determinando o conteúdo.

Essas rotas orientam a aprendizagem independente, a efetivação da teoria na prática de acordo com a proposta colocada pelo projeto instrucional de curso e o desenvolvimento de atividades de interação no ambiente virtual.

Além disso, coloca em destaque o aprender pela pesquisa, considerada por Demo (2002) uma das formas mais eficientes de acompanhamento do aluno. A proposta reaproxima alunos e professores e permite a recuperação da criatividade devido à ausência de aspectos coercitivos.

Ela foi apresentada para alunos de um curso ofertado para aproximadamente 6 mil alunos, na forma não presencial e com tutoria. Mostrou-se altamente funcional e foi proposta com o seguinte direcionamento:

- utilização da aprendizagem baseada em problemas;
- utilização da metodologia da sala de aula invertida;
- aprendizagem independente apoiada em pequenos textos, áudios e vídeos;
- atividades desenvolvidas *on-line* como forma de aumentar a interação e trabalhar na forma de conversação didaticamente guiada;
- avaliação apoiada na apresentação da solução do problema que direcionou a escolha de conteúdos pelo aluno.

A problematização e solução do problema assume o lugar da oferta extensiva de materiais didáticos e permite seguir uma tendência da academia, de privilegiar o acompanhamento do aluno.

Como primeira incumbência, o aluno deve analisar a realidade que o cerca, as necessidades de formação pessoal e profissional, e trabalhar, junto com seu grupo de trabalho, a definição de um problema, inicialmente estabelecido com um viés teórico. A segunda atividade propõe a determinação das hipóteses de solução em que são analisadas as alternativas que o grupo pode adotar, sem esquecer das limitações impostas (necessárias para evitar que a profundidade e abrangência do tema não permita atingir a solução dentro do tempo de desenvolvimento de uma unidade didática específica).

Aqui é importante destacar algo: a forma mais correta de utilizar a aprendizagem baseada em problemas seria ter todo o conteúdo curricular integrado e problematizado, sendo em cada unidade uma etapa para a solução do problema, apresentado ao final do curso. Essa atividade é praticamente impossível no contexto educacional atual, em que grande parte dos professores é horista e tem nas atividades docentes um complemento. Assim, a proposta dificilmente é executada, sendo trocada pela problematização de uma unidade didática específica.

Retornando ao processo, a terceira atividade é contextualizar o problema ao universo corporativo que a área de conhecimento se refere. O processo é encerrado em sua parte inicial, com o aluno e o grupo escolhendo os conteúdos que serão utilizados.

A partir disso, a equipe se coloca em ação e o professor se ocupa de estudar a melhor forma de orientar o aluno, sem interferir com orientações sobre como resolver o problema. Os contextos em que o aluno analisa e que o professor irá utilizar, na maioria dos casos, são divergentes.

O processo termina com a apresentação da solução. É importante destacar que não há uma única solução e que cada solução é aplicável a um contexto particular. As generalizações que a solução permite são registradas durante o processo e por meio de inovações propostas, que ampliam o escopo inicialmente colocado para a problematização.

Quando o trabalho se inicia, há certa incerteza por parte dos alunos, acostumados a ambientes centrados no professor, em que ele direcionava o conteúdo e como seria a sua disseminação para o aluno. As avaliações punitivas, que apenas registram a capacidade do aluno na retenção de conteúdos, são substituídas por um processo diagnóstico de conhecimento do grupo, um acompanhamento formativo, até que a avaliação somativa se processe com a apresentação da solução do problema.

Berbel (1995) considera que uma proposta com essas características permite que o aluno, sem intervenção do professor, perceba os aspectos relacionados às ideias, aos valores e aos métodos de trabalho acumulados pela experiência individual. A partir daí, o professor, desde que esteja engajado na proposta, pode inferir uma forma de adequar as atividades às características individuais ou dos grupos formados.

Essa é uma oportunidade para que a aprendizagem seja efetiva e desemboque na aprendizagem significativa, que evita que o aluno se pergunte para que está aprendendo o conteúdo, situação normal, principalmente quando existe ausência de encontros presenciais e redução indesejada no volume de metadados repassados a ele.

Ao definir a estratégia a ser utilizada, o aluno procede exatamente como fazem os profissionais em sua prática, ou seja, o que o aluno estuda está diretamente relacionado à área de conhecimento e movimenta saberes diretamente relacionados ao mundo de trabalho.

O grau de inovação de uma proposta com essas características ainda enfrenta o fator resistência ao que é novo. Uma das assertivas incorretas mais utilizadas é que o professor que aplica essa metodologia não tem que trabalhar, mas apenas observar o trabalho dos alunos, ao entregar a eles a responsabilidade de escolha de como deseja desenvolver a atividade de aprendizagem. Esse mito, além de incorreto, como já falamos, é prejudicial.

A observação, que acontece durante o processo de avaliação, quando a solução do problema é apresentada, é, segundo Berbel (1995), a percepção que forma no aluno uma consciência profissional, reflexiva, crítica e criativa. Há a recuperação de competências e habilidades que os ambientes tradicionais retiram do aluno, em face à negativa de utilizar a perspectiva de aprender pelo erro.

Quando o aluno se eleva a um patamar criativo, ele tem mais possibilidades de evitar um indesejável sentimento advindo do mercado corporativo, de que a instituição de Ensino Superior não forma o profissional que o mercado deseja. Ao escolher conteúdos, aprofundamento e formas de desenvolvimento, o aluno adquire a responsabilidade por sua formação. Ela é compartilhada pelo grupo que foi escolhido por interesse comum com outros profissionais, que não necessitam desenvolver estudos na mesma área do conhecimento. A *expertise* adquirida com essa proposta é social e não técnica.

Uma explicação final dá a compreensão sobre a possibilidade de no ambiente haver professores coletivos e alunos autônomos. O professor coletivo é aquele que utiliza conteúdos que não necessariamente foram desenvolvidos por ele mesmo, mas que podem resultar do aproveitamento de uma tendência do mercado para utilização de REA (Recursos Educacionais Abertos). Os textos são obtidos nesses repositórios ou são provenientes de professores que agem apenas como conteudistas (outra tendência proveniente da incapacidade demostrada por grande parcela do professorado, na produção de materiais de safra própria). O aluno autônomo é aquele cujo perfil foi desenhado neste capítulo. Ele está apto para desenvolver a aprendizagem independente e assumir parte da responsabilidade por sua formação, dividida com o professor orientador.

Passam a ser considerados como conteúdos os pequenos áudios (*podcasts*), pequenos vídeos (*screencast/videocast*), animações, pequenos jogos e processos de gamificação na aprendizagem de conteúdos pontuais. São produtos úteis e agradáveis, que tem como finalidade fazer com que o aluno recupere o prazer em aprender.

Eles são configurados como objetos de aprendizagem que podem dar ao ambiente elevado nível de flexibilidade. Munhoz (2012) define e configura esses elementos como se fossem:

- recursos digitais com conteúdo educacional reutilizável em contextos diferenciados;
- objetos encapsulados em uma lição ou um conjunto de lições;
- elementos agrupados em unidades, módulos, cursos;
- elementos que incluem um propósito de aprendizagem;
- elementos que incluem um processo de avaliação; e
- elementos que podem ser compostos por textos, figuras, animações, som, vídeo, simulações e avaliações, agrupadas sob uma das formas descritas.

De forma textual, eles podem ser considerados conhecimento acabado, que apresentam como característica, para evitar monotonia e sobrecarga laboral, cognitiva ou psicológica, a proposta de elevado grau de interatividade, exigindo de 2 a 15 minutos para serem completados.

Assim, os objetos de aprendizagem são elementos derivados de uma área do saber, transformada em uma área do conhecimento, sujeito a diretrizes curriculares que estabelecem bases tecnológicas de apoio. São também consideradas ideias complexas transformadas de forma sucessiva, com utilização de alguma ferramenta (mapas mentais), em ideias simples, que permitem a reconstrução do conhecimento proposto do mais simples ao mais complexo.

De forma reduzida, são pequenos e independentes "pedaços" de conhecimento para interações armazenadas em um grande banco de dados (repositórios de dados), que podem ser apresentados como componentes de aprendizagem ou referenciadas como informações a partir das quais novos conhecimentos podem ser criados.

Eles utilizam uma estratégia instrucional clara, com a intenção de ocasionar a aprendizagem por meio de um processo interno ou uma ação de resposta a um incentivo.

Eles são elementos autocontidos, ou seja, cada objeto de aprendizagem pode ser completado de forma independente.

Um dos destaques é que eles são elementos interativos. Eles exigem que os estudantes olhem, escutem, respondam ou interajam com o conteúdo de alguma maneira.

São elementos que podem ser utilizados de forma não interativa, para serem projetados para leitura em salas de aula e discussões lideradas por um instrutor, aplicados como referências adicionais e/ou para revisão de componentes da aprendizagem de conteúdo específico.

Eles são elementos reutilizáveis, o que significa que podem ser utilizados em contextos diversificados e com múltiplos propósitos.

A sua formação em partes que podem se tornar obsoletas assim que novas informações ou conhecimento mudem o conteúdo permite que elas sejam trocadas e imediatamente colocadas à disposição da comunidade.

Pequenos objetos de aprendizagem podem ser agregados. Alguns desses objetos podem ser agrupados em volumes maiores e formam estruturas completas de cursos tradicionais. Para isso, deve-se efetuar o balanceamento custo/benefício em relação ao seu tamanho.

Assim, materiais desenvolvidos na atualidade apresentam características diferenciadas em relação ao que é feito nos ambientes tradicionais. Essas inovações não prescindem ou recomendam a não utilização de livros-textos tradicionais. Elas somente não dão mais destaque a esta abordagem.

O ponto focal é o reconhecimento que o acompanhamento do aluno é mais importante, e que essa abordagem representa uma tendência irreversível no ambiente de cursos oferecidos em ambientes enriquecidos com a tecnologia.

PARA SABER MAIS! A questão do deslocamento da importância da produção de materiais didáticos para dar destaque às atividades de acompanhamento do aluno, ainda enfrenta resistências. Há outro aspecto a considerar: para que a abordagem tenha sucesso ela necessita de planejamento, que pode ser proporcionado pelo projeto instrucional, além da adoção de novas metodologias, como sugerido durante o desenvolvimento do tema deste capítulo, dentre as quais o uso da aprendizagem baseada em problemas ganha destaque. Assim, sugerimos que o aluno leia, como forma de ampliar seus conhecimentos, o artigo "A problematização e a aprendizagem baseada em problemas", de Aparecida Navas Berbel, e busque as indicações que a autora efetua sobre o tema. O trabalho pode ser acessado pela internet no endereço <www.scielo.br/pdf/icse/v2n2/08>. Acesso em: 28 jan. 2016.

Glossário – Unidade 4

Andragogia – técnicas e orientações utilizadas na educação de jovens e adultos.

Assistencialista tradicional – forma jesuítica que formou muitos professores, ainda utilizada nos dias atuais, contrariando todas as perspectivas colocadas à sua efetivação.

Características cognitivas – aquelas que indicam o conhecimento do sujeito e as possibilidades que ele tem de progredir nos estudos.

Características sociais – aquelas que indicam a situação social e financeira do participante, mensurando as formas de proporcionar aos alunos melhores condições financeiras e de obtenção de conteúdo.

***Coaching* educacional** – atividade em que o profissional ou o professor orienta outro profissional ou aluno para que consiga atingir os objetivos propostos em relação ao trabalho ou estudo.

Cognitivista – ato de aprender que leva em consideração a forma como o ser humano enxerga o mundo.

Comportamentalista – teoria que considera que a aprendizagem ocorre como uma mudança de comportamento, resultante de estímulos oferecidos pelo ambiente externo.

Conectivista – teoria que considera que o conhecimento faz parte do mundo, e o aluno aprende sozinho, após interagir em comunidades ou redes sociais.

Humanista – teoria que realça o caráter único da experiência pessoal considerando que o ensino não é mera transmissão de informações, mas responsável por formar um sujeito ético.

Inteligência predominante – identificação, com a utilização de testes psicológicos, da inteligência predominante no ser humano, de acordo com a teoria das inteligências múltiplas.

Paradigmas – mudança de costumes defasados ou obsoletos por novas metodologias voltadas para a melhoria do processo de ensino e aprendizagem.

Professor coletivo – aquele que produz materiais, como áudio e vídeo, que serão utilizados por outros professores, com os quais ele necessariamente não terá contato.

Professor orientador – aquele que atende o aluno sem interferência assistencialista, desenvolvendo com o educando propostas, mas que não está em condições de dar continuidade sem o apoio de uma pessoa com experiência na área do conhecimento.

Rotas de aprendizagem – conjunto de passos que contém atividades criadas em tempo de projeto instrucional, voltadas para orientar o aluno com alto volume de metadados sobre o que ele deve fazer, sem necessariamente explicar como isso fica a cargo do aluno.

Usabilidade – razão entre o número de sucessos e o número de acessos. Um sistema é considerado de usabilidade ideal quando essa razão atinge 1 (usabilidade total com atendimento em 100% dos acessos efetuados).

Referências

ABREU, M. C.; MASETTO, M. T. *O professor universitário em aula:* prática e princípios teóricos. 8. ed. São Paulo: MG Ed. Associados, 1990.

ALVES, R. *A escola com quem sempre sonhei sem imaginar que pudesse existir.* São Paulo: Papirus, 2005.

BERBEL, N. A. N. *Metodologia da Problematização:* uma alternativa metodológica apropriada para o Ensino Superior. Semina: Londrina, v. 16, n. 2, n. esp., p. 9-19, 1995.

______. *Problematização e aprendizagem baseada em problemas. On-line.* Disponível em: <www.scielo.br/pdf/icse/v2n2/08>. Acesso em: 22 jun. 2015.

DEMO, P. Pesquisa e tomada de decisão. Kindle Ebook. Amazon Serviços de Varejo do Brasil Ltda., 2012.

GALLO, Sílvio. *As múltiplas dimensões do aprender.* São Paulo: COEB 2012. (Congresso de Educação Básica: Aprendizagem e Currículo), 2012. *On-line*: Disponível em: <www.pmf.sc.gov.br/arquivos/arquivos/pdf/13_02_2012_10.54.50.a0ac3b8a140676ef8ae0dbf32e662762.pdf>. Acesso em: 15 jun. 2015.

GHOBRIL, Alexandre; FORTE, Cláudia; NASSIF, Vânia. *Empreendedorismo e inovação.* Educ. Bras. Brasília, n. 62, p. 09-29, jan./dez. 2009.

LABIDI; Sofiane. *Interação universidade/empresa. On-line.* Disponível em: <www.jornalpequeno.com.br/2010/7/4/interacao-universidadeempresa-123287.htm>. Acesso em: 18 jun. 2015.

MASETTO, Marcos Tarciso. *Competência Pedagógica do Professor Universitário.* São Paulo: Summus, 2003.

MINISTÉRIO DA EDUCAÇÃO. *O PNE 2011 – 2020:* Metas e Estratégias. *On-line.* Disponível em <http://fne.mec.gov.br/images/pdf/notas_tecnicas_pne_2011_2020.pdf>. Acesso em: 15 jun. 2015.

MORAN, J. M. *Desafios na comunicação pessoal.* São Paulo: Edições Paulinas, 2008.

MUNHOZ, A. S. *Objetos de aprendizagem.* Curitiba: Editora Intersaberes, 2012. Rio de Janeiro: Positivo, 2010.

NÓVOA. António. *Desafios do trabalho do professor no mundo contemporâneo.* Livreto publicado pelo Sindicato dos Professores de São Paulo, 2007.

SAVIANI, Demerval. *História das ideias pedagógicas no Brasil.* Campinas: Autores Associados, 2007.

TAILLE, Y de la. *Piaget Wigosky e Wallon.* São Paulo: Summus Editora, 1992.

VERAS, Marcelo. *Inovação e métodos de ensino para nativos digitais.* São Paulo: Atlas, 2011.

Antonio Siemsen Munhoz

Especialista em Tecnologias Educacionais (SPEI), em Metodologia da Pesquisa Científica (IBPEX) e em formação de professores para educação a distância (UFPR). Doutor em Engenharia de Produção pela Universidade Federal de Santa Catarina. Fursou extensão universitária em desenvolvimento de projetos instrucionais, pós-graduação em GED - Gestão Eletrônica de Documentos (defesa) e MBA em design thinking (defesa).

Impresso por

META

www.metabrasil.com.br